高等职业教育交通土建类专业新形态教材

公路路基路面检测与评定

主　编　李　何　何　飞
副主编　敖清文　叶　青
参　编　王燕芳　秘林源
　　　　石帅锋　顾凯文
主　审　余崇俊

北京理工大学出版社
BEIJING INSTITUTE OF TECHNOLOGY PRESS

内 容 提 要

本书依据《公路路基路面现场测试规程》(JTG 3450—2019)、《公路工程竣(交)工验收办法实施细则》(交公路发〔2010〕65号)、《公路技术状况评定标准》(JTG 5210—2018)等规范标准,分别从路基、路面工程的施工质量控制、竣(交)工验收、营运养护等阶段,介绍了相关检测内容及评定方法。本书主要内容包括试验检测结果评定方法、试验检测数据收集与整理、路基路面几何尺寸及路面厚度检测、路基路面压实度检测、路基路面平整度检测、路面抗滑性能检测、路基路面强度指标检测、水泥混凝土强度检测、沥青路面渗水系数检测、路基路面损坏检测、路面技术状况自动化检测、沥青混合料面层施工质量控制、案例分析等。

本书可作为交通土建类相关专业的教材,也可供公路工程施工技术及管理人员工作时参考。

版权专有　侵权必究

图书在版编目(CIP)数据

公路路基路面检测与评定/李何,何飞主编.—北京:北京理工大学出版社,2021.4(2021.5重印)

ISBN 978-7-5682-9237-5

Ⅰ.①公… Ⅱ.①李… ②何… Ⅲ.①公路路基—路面施工—检测 Ⅳ.①U416.16

中国版本图书馆CIP数据核字(2020)第222933号

出版发行 / 北京理工大学出版社有限责任公司

社　　址 / 北京市海淀区中关村南大街5号

邮　　编 / 100081

电　　话 / (010)68914775(总编室)

　　　　　(010)82562903(教材售后服务热线)

　　　　　(010)68948351(其他图书服务热线)

网　　址 / http://www.bitpress.com.cn

经　　销 / 全国各地新华书店

印　　刷 / 北京紫瑞利印刷有限公司

开　　本 / 787毫米×1092毫米　1/16

印　　张 / 10.5　　　　　　　　　　　　　责任编辑 / 孟祥雪

字　　数 / 228千字　　　　　　　　　　　　文案编辑 / 孟祥雪

版　　次 / 2021年4月第1版　2021年5月第2次印刷　责任校对 / 周瑞红

定　　价 / 32.00元　　　　　　　　　　　　责任印制 / 边心超

图书出现印装质量问题,请拨打售后服务热线,本社负责调换

前　言

近年来，随着我国交通运输行业的飞速发展，公路工程检测技术及公路工程技术状况评定都发生了较大的变化。本书本着使学生的学习内容更加贴近工程实际，符合现代工程技术的发展趋势，契合新知识、新技术、新工艺的要求，同时满足现代信息化教学方式的需要的原则进行编写。

"公路路基路面检测与评定"是将公路工程检测技术和公路工程技术状况评定结合的一门专业课程。通过本课程的学习，学生能掌握公路工程路基路面检测仪器设备的正确使用和维护，公路工程检测数据的填写，公路工程现场检测技术的基本原理、方法、程序及各部位、各环节试验检测技术。为了进一步提高学生的职业技能，培养学生的职业素养和职业精神，本课程采用理实一体化的教学模式，在理实一体化的路桥专业实训室进行。在教学过程中，课堂上采用实物、视频、理论讲解、现场教学、项目教学和分组教学等方式进行教学，充分调动学生的学习热情，激发学生的学习兴趣。

本书由李何、何飞担任主编，由敖清文、叶青担任副主编，王燕芳、秘林源、石帅锋、顾凯文参与编写。全书由13个单元（共计46个课题）构成，具体编写分工如下：绪论及第1、2单元由李何（贵州交通职业技术学院）编写；第3、4单元由王燕芳（贵州宏信创达工程检测咨询有限公司）编写；第5、6单元由敖清文（贵州宏信创达工程检测咨询有限公司）编写；第7、8单元由何飞（贵州宏信创达工程检测咨询有限公司）编写；第9、10单元由叶青（贵州宏信创达工程检测咨询有限公司）编写；第11单元由秘林源（贵州宏信创达工程检测咨询有限公司）编写；第12单元由石帅锋（贵州宏信创达工程检测咨询有限公司）编写；第13单元由顾凯文（贵州宏信创达工程检测咨询有限公司）编写。全书由余崇俊主审。

  本书在编写过程中参考并引用了部分参考文献，在此谨向有关单位和作者表示衷心的感谢。由于编者经验和水平有限，书中难免存在不妥和错误之处，敬请读者和专家批评指正。

编　者

目 录

绪论 ··· 1
  一、试验检测的目的和意义 ························· 1
  二、现行国家试验检测规程和评定标准 ········· 1
  三、试验检测人员要求 ································ 2
  四、本书的内容和学习重点、难点及
     课时安排 ··· 3

单元1 试验检测结果评定方法 ······················ 5
课题1 路基路面工程质量检验评定方法 ········· 5
  一、路基路面工程质量检验专业术语 ············ 5
  二、路基路面工程划分 ································ 5
  三、路基路面工程质量检验评定内容 ············ 6
课题2 路基路面技术状况评定方法 ················ 9
  一、评定指标体系 ······································· 9
  二、评定等级 ··· 10
课题3 公路工程竣(交)工验收 ················· 11
  一、竣(交)工验收主要内容 ···················· 11
  二、竣(交)工验收方法 ··························· 11
单元小结 ··· 12
思考与习题 ·· 12

单元2 试验检测数据收集与整理 ··············· 13
课题4 抽样检验方法 ··································· 13
  一、总体与样本的关系 ······························ 13
  二、抽样方法 ··· 13
  三、抽样检测流程 ····································· 14

课题5 数值修约 ··· 14
  一、数值修约定义 ····································· 15
  二、数值修约规则 ····································· 15
课题6 数据统计特征与概率分布 ·················· 18
  一、数据统计特征 ····································· 18
  二、正态分布与t分布 ······························ 19
课题7 可疑数据的取舍方法 ························ 22
  一、拉依达法 ··· 22
  二、肖维纳特法 ·· 22
  三、格拉布斯法 ·· 23
单元小结 ··· 25
思考与习题 ·· 25

单元3 路基路面几何尺寸及路面
厚度检测 ··· 26
课题8 路基路面现场检测选点方法 ··············· 26
  一、均匀法 ··· 26
  二、随机法 ··· 26
  三、定向法 ··· 35
  四、连续法 ··· 35
  五、综合法 ··· 35
课题9 路基路面几何尺寸检测 ····················· 35
  一、检测情景 ··· 35
  二、检测目的与适用范围 ··························· 35
  三、仪器设备 ··· 36
  四、检测过程 ··· 36
  五、结果处理 ··· 39
  六、注意事项 ··· 40

课题10 路面结构层厚度检测……40
  一、检测情景……40
  二、检测目的与适用范围……40
  三、仪器设备……40
  四、检测过程……40
  五、结果处理……41
单元小结……42
思考与习题……42

单元4 路基路面压实度检测……43
课题11 压实度概述……43
课题12 标准密度的确定……43
  一、路基土标准密度（最大干密度）的确定……43
  二、路面基层材料标准密度（最大干密度）的确定……45
  三、沥青混合料标准密度的确定……45
课题13 挖坑灌砂法测定压实度……45
  一、方法简介……45
  二、仪具与材料技术要求……46
  三、测试方法与步骤……46
  四、计算……48
  五、注意事项……49
课题14 环刀法测定压实度……49
  一、方法简介……49
  二、仪具与材料技术要求……50
  三、测试方法与步骤……50
  四、计算……51
  五、注意事项……52
课题15 钻芯法测定沥青路面面层压实度……52
  一、方法简介……52
  二、仪具与材料技术要求……52
  三、测试方法与步骤……52
  四、计算……53
  五、注意事项……53

课题16 压实度评定……53
  一、压实度评定标准……53
  二、压实度评定方法……54
单元小结……55
思考与习题……56

单元5 路基路面平整度检测……57
课题17 路面平整度概述……57
课题18 3 m直尺测定平整度……57
  一、方法简介……57
  二、仪器设备……58
  三、检测过程……58
  四、结果处理……59
课题19 连续式平整度仪测定平整度……59
  一、方法简介……59
  二、仪器设备……59
  三、检测过程……60
  四、结果处理……61
课题20 手推式断面仪测定平整度……61
  一、方法简介……61
  二、仪器设备……61
  三、检测过程……61
  四、结果处理……62
单元小结……62
思考与习题……62

单元6 路面抗滑性能检测……63
课题21 路面抗滑性能概述……63
课题22 手工铺砂法测定路面构造深度……64
  一、方法简介……64
  二、仪器设备……64
  三、现场检测……65
  四、结果处理……65
课题23 摆式仪测定路面摩擦系数……66
  一、方法简介……66

二、仪器设备 ································· 66
　　三、现场检测 ································· 67
　　四、结果处理 ································· 68
　单元小结 ······································· 68
　思考与习题 ····································· 69

单元7　路基路面强度指标检测 ················· 70
　课题24　贝克曼梁测定路基路面
　　　　　回弹弯沉 ······························· 70
　　一、方法简介 ································· 70
　　二、检测步骤 ································· 71
　　三、数据处理与修正 ··························· 72
　　四、报告要求 ································· 75
　课题25　承载板测定土基回弹模量 ················· 75
　　一、方法简介 ································· 75
　　二、检测步骤 ································· 76
　　三、数据分析与处理 ··························· 77
　　四、报告要求 ································· 78
　单元小结 ······································· 79
　思考与习题 ····································· 79

单元8　水泥混凝土强度检测 ····················· 80
　课题26　回弹法测定水泥混凝土强度 ················ 80
　　一、方法简介 ································· 80
　　二、现场检测 ································· 82
　　三、数据处理 ································· 83
　　四、报告要求 ································· 85
　课题27　钻芯法测定水泥混凝土路面
　　　　　劈裂强度 ······························· 86
　　一、方法简介 ································· 86
　　二、测试步骤 ································· 86
　　三、数据处理 ································· 87
　　四、注意事项 ································· 88
　单元小结 ······································· 88
　思考与习题 ····································· 88

单元9　沥青路面渗水系数检测 ··················· 89
　课题28　沥青路面渗水系数概述 ···················· 89
　课题29　沥青路面渗水系数检测方法 ················ 89
　　一、方法简介 ································· 89
　　二、检测过程 ································· 90
　　三、数据处理 ································· 91
　　四、报告要求 ································· 91
　单元小结 ······································· 91
　思考与习题 ····································· 91

单元10　路基路面损坏检测 ······················ 92
　课题30　路面错台检测 ···························· 92
　　一、定义 ····································· 92
　　二、检测方法及数据处理 ······················· 92
　　三、检测步骤 ································· 93
　　四、数据处理 ································· 93
　课题31　沥青路面车辙检测 ························ 93
　　一、检测仪具与材料技术要求 ··················· 94
　　二、方法与步骤 ······························· 94
　　三、数据处理 ································· 96
　课题32　路面损坏调查 ···························· 96
　　一、路面损坏分类 ····························· 96
　　二、路面损坏检测及评价方法 ·················· 108
　课题33　路基技术状况调查 ······················· 112
　　一、路基损坏分类 ···························· 112
　　二、路基损坏检测及评价方法 ·················· 114
　课题34　水泥混凝土路面脱空检测 ················· 115
　　一、定义 ···································· 115
　　二、检测方法及数据处理 ······················ 115
　单元小结 ······································ 118
　思考与习题 ···································· 119

单元11　路面技术状况自动化检测 ··············· 120
　课题35　车载式设备检测路面平整度、
　　　　　车辙、构造深度 ························ 120

一、设备的操作 ………………………… 120
　　二、数据处理 …………………………… 121
**课题36　单轮式横向力系数测试系统检测
　　　　　路面抗滑性能** ……………………… 121
　　一、设备的操作 ………………………… 122
　　二、数据处理 …………………………… 123
课题37　自动弯沉仪测定路面回弹弯沉 …… 124
　　一、设备的操作 ………………………… 124
　　二、数据处理 …………………………… 125
课题38　落锤式弯沉仪测定弯沉值 ………… 126
　　一、设备的操作 ………………………… 126
　　二、数据处理 …………………………… 127
课题39　雷达测定路面厚度 ………………… 127
　　一、设备的操作 ………………………… 128
　　二、数据处理 …………………………… 128
单元小结 ……………………………………… 128
思考与习题 …………………………………… 129

单元12　沥青混合料面层施工质量控制 ……………………………… 130
课题40　热拌沥青混合料施工温度检测 …… 130
　　一、方法简介 …………………………… 130
　　二、仪具设备 …………………………… 130
　　三、测试方法与步骤 …………………… 130
**课题41　沥青喷洒法施工沥青
　　　　　用量测试方法** ……………………… 131
　　一、方法简介 …………………………… 131
　　二、仪具与材料技术要求 ……………… 132
　　三、测试方法与步骤 …………………… 132
课题42　透层油渗透深度测试方法 ………… 133
　　一、方法简介 …………………………… 133
　　二、仪具与材料技术要求 ……………… 133
　　三、测试方法与步骤 …………………… 133

课题43　层间黏结测试方法 ………………… 134
　　一、方法简介 …………………………… 134
　　二、仪具与材料技术要求 ……………… 134
　　三、拉拔试验方法与步骤 ……………… 135
　　四、扭剪试验方法与步骤 ……………… 136
　　五、数据处理 …………………………… 137
　　六、注意事项 …………………………… 138
单元小结 ……………………………………… 138
思考与习题 …………………………………… 139

单元13　案例分析 ……………………… 140
**课题44　某高速公路定期检测公路技术
　　　　　状况评定** …………………………… 140
　　一、检测方案 …………………………… 140
　　二、工程任务交接单 …………………… 142
　　三、技术、安全交底卡 ………………… 142
　　四、外业检测 …………………………… 143
　　五、内业处理 …………………………… 145
　　六、后期工作 …………………………… 146
**课题45　某高速公路交工验收检测评定
　　　　　（路基路面工程）** ………………… 147
　　一、任务概述 …………………………… 147
　　二、任务分析与计划 …………………… 148
　　三、进场准备 …………………………… 150
　　四、检测实施 …………………………… 150
　　五、内业资料整理 ……………………… 151
　　六、报告与汇报 ………………………… 151
课题46　某改建高速公路施工质量评定 …… 151
　　一、施工质量评定依据 ………………… 151
　　二、单位、分部、分项工程划分 ……… 151
　　三、工程质量检验 ……………………… 152

参考文献 ………………………………………… 160

绪　论

一、试验检测的目的和意义

本课程是以公路工程施工质量检测、公路技术状况评定、竣(交)工验收方法为主要任务,主要围绕公路路基路面工程检测技术与状况评定的基本工作程序、基础理论和试验检测方法进行学习的理论＋实践课程。其目的是培养学生运用国家现行试验检测规范、规程、标准,对公路路基路面工程和技术状况进行检验评定的能力,为学生今后的职业发展奠定良好的基础。

课件：绪论

二、现行国家试验检测规程和评定标准

现行主要公路工程试验检测规范、规程和评定标准如下：

(1)《公路工程质量检验评定标准 第一册 土建工程》(JTG F80/1—2017)。
(2)《公路土工试验规程》(JTG E40—2007)。
(3)《公路工程水泥及水泥混凝土试验规程》(JTG E30—2005)。
(4)《公路工程技术标准》(JTG B01—2014)。
(5)《公路工程沥青及沥青混合料试验规程》(JTG E20—2011)。
(6)《公路路基路面现场测试规程》(JTG 3450—2019)
(7)《公路工程无机结合料稳定材料试验规程》(JTG E51—2009)。
(8)《公路工程集料试验规程》(JTG E42—2005)。
(9)《公路路基设计规范》(JTG D30—2015)。
(10)《公路排水设计规范》(JTG/T D33—2012)。
(11)《公路水泥混凝土路面设计规范》(JTG D40—2011)。
(12)《公路水泥混凝土路面施工技术细则》(JTG/T F30—2014)。
(13)《公路路面基层施工技术细则》(JTG/T F20—2015)
(14)《公路技术状况评定标准》(JTG 5210—2018)
(15)《公路路面技术状况自动化检测规程》(JTG/T E61—2014)
(16)《公路工程岩石试验规程》(JTG E41—2005)
(17)《公路工程竣(交)工验收办法实施细则》(交公路发〔2010〕65号)等。

三、试验检测人员要求

1. 基本要求

(1)检测人员应熟悉检测任务,了解被测对象和检测仪器设备的性能。检测人员必须经考核合格,取得上岗操作证后,才能上岗操作。凡使用精密、贵重、大型检测仪器设备者,必须熟悉该仪器的性能,具备使用该仪器的知识,经考核合格,取得操作证书后才能操作。

(2)检测人员应掌握所从事检测项目的有关技术标准,了解本领域国内外测试技术、检测仪器的构成及发展方向,具备制定检测大纲、采用国内外最新技术进行检测工作的能力。

(3)检测人员应了解误差理论、数理统计方面的知识,能独立进行数据处理工作。

(4)检测人员应对检测工作、数据处理工作持严肃的态度,用数据说话,不受行政或其他方面的干扰。

2. 工作纪律

(1)认真学习贯彻国家、部门、地方有关质量方面的文件、政策,法令、法规,严格按产品技术要求工作。

(2)坚持原则、忠于职守,遵守质检机构规定的各项规章制度。

(3)禁止利用职权和工作条件接受受检企业或单位的礼品。

(4)禁止擅自多抽或少抽样品,禁止违章处理或使用样品。

(5)禁止受贿,禁止假公济私、弄虚作假。

(6)作风正派,秉公办事。

综上所述,首先,试验检测人员应具有职业道德。检测数据不造假、不外泄。对任何工程的检测要以国家规范为标准,做到公正、公平。其次,试验检测人员应具有专业素养。检测人员要有过硬的理论知识和实践能力,熟练进行仪器设备操作,正确进行数据处理和结果判定,对各种病害进行分析并制定相应的处治措施。最后,试验检测人员要有责任心。检测方法、检测数据关系着工程质量合格与否,关系着道路的安全、经济和正常运营。试验检测人员应具有专业的态度和严谨、敬业的精神。

3. 填写试验原始记录要求

(1)原始记录是试验检测结果的如实记载,不得随意更改、删减。

(2)原始记录应印成一定格式的记录表,其格式根据检测要求的不同可以有所不同。原始记录表主要包括产品名称、型号、规格;产品编号、生产单位;抽样地点;检测项目、检测编号、检测地点;温度、湿度;主要检测仪器名称、型号、编号;检测原始记录数据、数据处理结果;检测人、复核人;试验日期等。

(3)记录表中应包括所要求记录的信息及其他必要信息,以便在必要时能够判断检测工作在哪个环节出现差错。同时,根据原始记录表提供的信息,能在一定准确度内重复所做的检测工作。

(4)填写工程试验检测原始记录一般不得用铅笔,内容应完整,应有试验检测人员和计算校核人员的签名。

(5)原始记录如果确需要更改,作废数据应画一条水平线,将正确数据填在上方,盖更改人印章。原始记录应集中保管,保管期一般不得少于两年。原始记录的保存方式也可用计算机磁盘。

(6)原始记录经过计算后的结果即检测结果必须有人校核,校核者必须在本领域有5年以上工作经验。校核者必须在试验检测原始记录和报告中签字,以示负责。校核者必须认真核对检测数据,校核量不得少于所检测项目的5%。

四、本书的内容和学习重点、难点及课时安排

为在有限的学时内取得高质量学习成效,本课程将以实践课程为重点,以工程部位为模块,检测参数从课题实例出发,以现有的专业实训条件为支撑,采用理实一体化的教学模式,合理运用"智慧课堂""翻转课堂""讲练结合"等多种教学手段,将学生的理论知识学习与实践能力培养结合起来,充分调动学生的自主学习积极性,提升其实践操作能力,并掌握施工质量控制、竣(交)工质量检验评定的规范体系,具备自主查找规范资料拓展能力等完成工作的初步能力。

本书的主要内容:试验检测结果评定方法、试验检测数据收集与整理、路基路面几何尺寸及路面厚度检测、路基路面压实度检测、路基路面平整度检测、路面抗滑性能检测、路基路面强度指标检测、水泥混凝土强度检测、沥青路面渗水系数检测、路基路面损坏检测、路面技术状况自动化检测、沥青混合料面层施工质量控制、案例分析等。

学习的重点在于掌握公路工程现场检测技术的基本原理、方法、程序及各部位、各环节试验检测技术,同时能正确进行公路工程技术状况评定。

学习的难点是能够正确地进行仪器操作,规范检测步骤,以及能够正确地进行数据处理,独立完成试验报告。

试验检测课程安排见表0-1。

表0-1 试验检测课程安排表

序号	试验检测名称	内容提要	每组人数	试验属性	开出要求
1	击实试验	能够正确使用击实仪,能经过数据处理,画出含水率与干密度曲线图,得出无机结合料的最大干密度和最佳含水量	6~8	检测	必做
2	无侧限抗压强度试验	能够正确操作压力机,根据试验数据判定无机结合料的无侧限抗压强度	6~8	检测	选做
3	回弹法检测混凝土强度	会使用回弹仪测结构混凝土回弹值,会使用碳化深度仪测碳化深度,并会推算混凝土的强度	6~8	检测	必做

续表

序号	试验检测名称	内容提要	每组人数	试验属性	开出要求
4	路基路面几何尺寸检测	会使用水准仪、全站仪、钢卷尺等测定路基路面的几何尺寸	6~8	检测	必做
5	路基压实度检测（灌砂法）	会使用灌砂筒、标定罐、基板、烘箱、铝盒等测路基材料的湿密度、含水率，算出干密度，并会计算、评定路基压实度	6~8	检测	必做
6	沥青路面面层压实度检测（灌砂法）	会正确操作钻芯机、测定芯样吸水率，选择正确的方法，测定芯样密度，并计算压实度	6~8	检测	选做
7	路基路面回弹弯沉检测	会使用贝克曼梁弯沉仪测试路基路面的回弹弯沉，会计算评定路段的弯沉值	6~8	检测	必做
8	路面平整度检测	会使用3m直尺和连续式平整度仪完成路面平整度的测试，并进行数据处理和评定	6~8	检测	必做
9	路面抗滑性能检测	会使用手动铺砂仪和摆式仪测试路面的构造深度和摆值，并能进行数据处理和评定	6~8	检测	选做
10	路面渗水系数检测	能够用路面渗水仪测定沥青混合料路面的渗水系数，并能够进行数据处理和评定	6~8	检测	必做
11	路基破损检测	能够对路基各种破损进行调查，并判定质量	6~8	检测	必做
12	路面破损检测	能够进行错台、车辙、路面各种损坏调查，能进行数据处理和结果判定	6~8	检测	必做
13	路面技术状况自动化检测	能够熟练操作路面技术状况自动化检测设备，能够对数据进行处理和结果判定	6~8	检测	必做
14	热拌沥青混合料施工温度检测	能够正确使用插入式温度计和非插入式温度计红外线温度计法进行操作	6~8	检测	必做
15	沥青喷洒法施工沥青用量检测	能够正确操作天平、受样盘、地磅、纸布等检测沥青用量，能够对数据进行处理和结果判定	6~8	检测	选做
16	透层油渗透深度检测	能够正确操作路面取芯钻机、钢板尺、锤等，能够对数据进行处理和结果判定	6~8	检测	选做
17	高速公路定期检测公路技术状况评定	能够进行公路损坏分类、公路技术状况检测与调查、公路技术状况评定	6~8	工程实践	选做

单元1 试验检测结果评定方法

课题1 路基路面工程质量检验评定方法

路基路面工程质量检验评定主要依据《公路工程质量检验评定标准 第一册 土建工程》(JTG F80/1—2017),本标准适用于各等级公路新建与改、扩建工程施工质量的检验评定。

课件:试验检测结果评定方法

一、路基路面工程质量检验专业术语

检验:对被检查项目的特征和性能进行检查、检测、试验等,并将结果与标准规定的要求进行比较,以判定其是否合格所进行的活动。

评定:对分项工程、分部工程、单位工程和合同段的质量进行检验,并确定其质量等级的活动。

关键项目:工程中对结构安全耐久性和主要使用功能起决定作用的检查项目,文中以"△"标识。

一般项目:分项工程中除关键项目以外的项目。

外观质量:通过观察和必要的量测所反映的工程外在质量及功能状态。

二、路基路面工程划分

公路工程质量检验评定应按单位工程、分部工程、分项工程逐级进行,并应符合下列规定:

单位工程:在合同段中,具有独立施工条件和结构功能的工程。

分部工程:在单位工程中,按路段长度、结构部位及施工特点等划分的工程。

分项工程:在分部工程中,根据施工工序、工艺或材料划分的工程。

路基路面工程的单位工程、分部工程、分项工程应按表1-1进行划分。

表1-1 路基路面单位、分部及分项工程划分

单位工程	分部工程	分项工程
路基工程 (每10 km或每标段)	路基土石方工程 (1~3 km路段)	土方路基,填石路基,软土地基处治,土工合成材料处治层等
	排水工程(1~3 km路段)	管节预制,混凝土排水管安装,检查(雨水)井砌筑,土沟,浆砌水沟,盲沟,跌水,急流槽,水簸箕,排水泵站沉井、沉池等

续表

单位工程	分部工程	分项工程
路基工程 (每10 km或每标段)	小桥及符合小桥标准的通道，人行天桥，渡槽（每座）	钢筋加工及安装，砌体，混凝土扩大基础，钻孔灌注桩，混凝土墩、台，墩、台身安装，台背填土，就地浇筑梁、板，预制安装梁、板，就地浇筑拱圈，混凝土桥面板桥面防水层，支座垫石和挡块，支座安装，伸缩装置安装，栏杆安装，混凝土护栏，桥头搭板，砌体坡面护坡，混凝土构件表面防护，桥梁总体等
	涵洞、通道（1~3 km路段）	钢筋加工及安装，涵台，管节预制，混凝土涵管安装，波形钢管涵安装，盖板制作，盖板安装，箱涵浇筑，拱涵浇（砌）筑，倒虹吸竖井、集水井砌筑，一字墙和八字墙，涵洞填土，顶进施工的涵洞，砌体坡面防护，涵洞总体等
	防护支挡工程（1~3 km路段）	砌体挡土墙，墙背填土，边坡锚固防护，土钉支护，砌体坡面防护，石笼防护，导流工程等
	大型挡土墙、组合挡土墙（每处）	钢筋加工及安装，砌体挡土墙，悬臂式挡土墙，扶壁式挡土墙，锚杆、锚定板和加筋土挡土墙，墙背填土等
路面工程 (每10 km或每标段)	路面工程（1~3 km路段）	垫层、底基层、基层、面层、路缘石、路肩等

注：按路段长度划分的分部工程，高速公路、一级公路宜取低值，二级及二级以下公路可取高值

三、路基路面工程质量检验评定内容

分项工程完工后，应根据该标准进行检验，对工程质量进行评定。隐蔽工程在隐蔽前应检查合格。分部工程、单位工程完工后，应汇总评定所属分项工程、分部工程的质量资料，检查外观质量，对工程质量进行评定。

(1)工程质量检验包括以下内容：

①分项工程应按基本要求、实测项目、外观质量和质量保证资料等检验项目分别检查。

②分项工程质量应在所使用的原材料、半成品、成品及施工控制要点等符合基本要求的规定，无外观质量限制缺陷且质量保证资料真实齐全时，方可进行检验评定。

(2)基本要求检查应符合下列规定：

①分项工程应对所列基本要求逐项检查，经检查不符合规定时，不得进行工程质量的检验评定。

②分项工程所用的各种原材料的品种、规格、质量及混合料配合比和半成品、成品应符合有关技术标准规定并满足设计要求。

(3)实测项目检验应符合下列规定：

①对检查项目按规定的检查方法和频率进行随机抽样检验，并计算合格率。

②本标准规定的检查方法为标准方法，采用其他高效检测方法应经比对确认。

③本标准中以路段长度规定的检查频率为双车道路段的最低检查频率，对多车道应按

车道数与双车道之比相应增加检查数量。

④应按下式计算检查项目合格率：

$$检查项目合格率(\%) = \frac{检查合格的点(组)数}{该项目的全部检查点(组)数} \times 100\% \qquad (1-1)$$

(4)检查项目合格判定应符合下列规定：

①关键项目的合格率应不低于95%，否则该检查项目为不合格。

②一般项目的合格率应不低于80%，否则该检查项目为不合格。

③有规定极值的检查项目，任一单个检测值不应突破规定极值，否则该检查项目为不合格。

(5)采用非数理统计方法进行检验评定的检查项目，不满足要求时，该检查项目为不合格。

(6)外观质量应进行全面检查，并满足规定要求，否则该检测项目为不合格。

(7)工程应有真实、准确、齐全、完整的施工原始记录、试验检测数据、质量检验结果等质量保证资料。质量保证资料应包括下列内容：

①用原材料、半成品和成品质量检验结果；

②材料配合比、拌和加工控制检验和试验数据；

③地基处理、隐蔽工程施工记录和桥梁、隧道施工监控资料；

④质量控制指标的试验记录和质量检验汇总图表；

⑤施工过程中遇到的非正常情况记录及其对工程质量分析评价具有影响的资料；

⑥施工过程中如发生质量事故，经处理补救后达到设计要求的认可证明文件等。

(8)检测项目评为不合格的，应进行整修或返工处理直至合格。

质量评定方法如下：

①工程质量等级应分为合格与不合格。

②分项工程、分部工程、单位工程的质量评定应有符合表1-2～表1-4规定的资料。

③分项工程质量评定合格应符合下列规定：

a. 检验记录应完整。

b. 实测项目应合格。

c. 外观质量应满足要求。

④分部工程质量评定合格应符合下列规定：

a. 评定资料应完整。

b. 所含分项工程及实测项目应合格。

c. 外观质量应满足要求。

⑤单位工程质量评定合格应符合下列规定：

a. 评定资料应完整。

b. 所含分部工程应合格。

c. 外观质量应满足要求。

⑥评定为不合格的分项工程、分部工程，经返工、加固、补强或调测，满足设计要求后，可重新进行检验评定。

⑦所含单位工程合格，该合同段评定为合格；所含合同段合格，该建设项目评定为合格。

表 1-2　分项工程质量检验评定表

分项工程名称：　　　　　工程部位：(桩号、墩台号、孔号)　　　所属建设项目(合同段)：

所属分部工程名称：　　　所属单位工程：　　　施工单位：　　　分项工程编号：

基本要求	1. 2. …														
实测项目	项次	检查项目	规定值或允许偏差	实测值或实测偏差值										质量评定		
				1	2	3	4	5	6	7	8	9	10	平均值、代表值	合格率/%	合格判定
	外观质量								质量保证资料							
工程质量等级评定																

检验负责人：　　　检测：　　　记录：　　　复核：　　　年 月 日

表 1-3　分部工程质量检验评定表

分部工程名称：　　　　　工程部位：(桩号、墩台号、孔号)　　　所属建设项目(合同段)：

所属单位工程：　　　施工单位：　　　分部工程编号：

分项工程			备注
分项工程编号	分项工程名称	质量等级	
外观质量			
评定资料			
质量等级			
评定意见			

检验负责人：　　　记录：　　　复核：　　　年 月 日

表 1-4 单位工程质量检验评定表

单位工程名称：　　　　　　工程地点、桩号：　　　　　　所属建设项目(含同段)：
施工单位：　　　　　　　　　　　　　　　　　　　　　　单位工程编号：

分部工程			备注
分部工程编号	分部工程名称	质量等级	
外观质量			
评定资料			
质量等级			
评定意见			

检验负责人：　　　　　记录：　　　　复核：　　　　　　　　　年 月 日

课题 2　路基路面技术状况评定方法

一、评定指标体系

依据《公路技术状况评定标准》(JTG 5210—2018)，本标准适用于各等级公路的技术状况评定。

现对路基路面技术状况评定中所用到的专业术语进行介绍(图 1-1)。

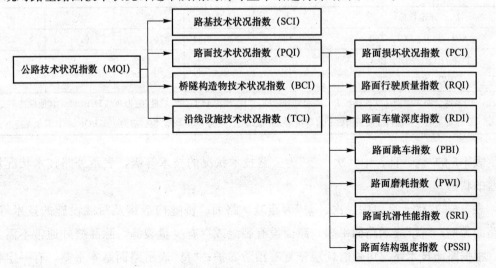

图 1-1　公路技术状况指标体系

图中　MQI——公路技术状况指数（Highway Maintenance Quality Indicator）；
　　　SCI——路基技术状况指数（Subgrade Condition Index）；
　　　PQI——路面技术状况指数（Pavement Maintenance Quality Index）；
　　　BCI——桥隧构造物技术状况指数（Bridge，Tunnel and Culvert Condition Index）；
　　　TCI——沿线设施技术状况指数（Traffic Facility Condition Index）；
　　　PCI——路面损坏状况指数（Pavement Surface Condition Index）；
　　　RQI——路面行驶质量指数（Pavement Riding Quality Index）；
　　　RDI——路面车辙深度指数（Pavement Rutting Depth Index）；
　　　PBI——路面跳车指数（Pavement Bumping Index）；
　　　PWI——路面磨耗指数（Pavement Surface Wearing Index）；
　　　SRI——路面抗滑性能指数（Pavement Skidding Resistance Index）；
　　　PSSI——路面结构强度指数（Pavement Structure Strength Index）。

二、评定等级

公路技术状况分为优、良、中、次、差五个等级。公路技术状况等级划分标准应符合表 1-5 的规定。

表 1-5　公路技术状况等级划分标准

评定指标	优	良	中	次	差
MQI	≥90	≥80，<90	≥70，<80	≥60，<70	<60

公路技术状况各分项指标应分为优、良、中、次、差五个等级。各分项指标的等级划分标准应符合表 1-6 的规定。

表 1-6　公路技术状况分项指标等级划分标准

评定指标	优	良	中	次	差
SCI、PQI、BCI、TCI	≥90	≥80，<90	≥70，<80	≥60，<70	<60
PCI、RQI、RDI、PBI、PWI、SRI、PSSI	≥90	≥80，<90	≥70，<80	≥60，<70	<60

注：1. 高速公路路面损坏状况指数 PCI 等级划分标准，"优"应为 PCI≥92，"良"应为 80≤PCI<92，其他保持不变
　　2. 水泥混凝土路面行驶质量指数 RQI 等级划分标准，"优"应为 RQI≥88，"良"应为 80≤RQI<88，其他保持不变

表 1-5 的"优、良、中、次、差"为公路技术状况的技术等级，表示公路技术状况从好到差的状态。

表 1-6 的"优、良、中、次、差"为路基、路面、桥隧构造物及沿线设施的技术等级。以路面为例，"优"表示路面平整，路面没有裂缝或存在少量裂缝，除灌缝外通常不需要修复，根据路面技术路况可做磨耗层恢复等预防养护；"良"表示路面基本平整，有一定数量的裂缝和少量变形类损坏，除灌缝和坑槽修补外，可根据交通状况等进行必要的功能性修

复；"中"表示路面平整度不良，路面上有较多的裂缝和变形类损坏，有结构性和功能性修复需求；"次""差"表示路面上同时存在功能性损坏和结构性损坏，路面上有大面积的裂缝类、变形类及其他类损坏，路面需要结构性修复。

路面结构性修复、功能性修复及预防性养护方案，需要统筹考虑路面技术状况、路面结构、养护历史、技术等级、交通轴载、用户费用、资金投入等多方面因素，基于路面管理系统，通过全寿命周期费用分析科学决策。

课题3 公路工程竣(交)工验收

一、竣(交)工验收主要内容

依据《公路工程竣(交)工验收办法实施细则》(交公路发〔2010〕65号)，公路工程验收分为交工验收和竣工验收两个阶段。

(1)交工验收阶段，其主要工作是：检查施工合同的执行情况，评价工程质量，对各参建单位工作进行初步评价。

(2)竣工验收阶段，其主要工作是：对工程质量、参建单位和建设项目进行综合评价，并对工程建设项目做出整体性综合评价。

二、竣(交)工验收方法

(1)公路工程竣(交)工验收的依据如下：
①批准的项目建议书、工程可行性研究报告。
②批准的工程初步设计、施工图设计及设计变更文件。
③施工许可。
④招标文件及合同文本。
⑤行政主管部门的有关批复、批示文件。
⑥公路工程技术标准、规范、规程及国家有关部门的相关规定。

(2)公路工程交工验收工作一般按合同段进行，并应具备以下条件：
①合同约定的各项内容已全部完成。各方就合同变更的内容达成书面一致意见。
②施工单位按《公路工程质量检验评定标准 第一册 土建工程》(JTG F80/1—2017)及相关规定对工程质量自检合格。
③监理单位对工程质量评定合格。
④质量监督机构按《公路工程质量鉴定办法》对工程质量进行检测，并出具检测意见。检测意见中需整改的问题已经处理完毕。
⑤竣工文件按公路工程档案管理的有关要求，完成"公路工程项目文件归档范围"第三、

四、五部分(不含缺陷责任期资料)内容的收集、整理及归档工作。

⑥施工单位、监理单位完成本合同段的工作总结报告。

(3)公路工程竣工验收应具备以下条件：

①通车试运营2年以上。

②交工验收提出的工程质量缺陷等遗留问题已全部处理完毕，并经项目法人验收合格。

③工程决算编制完成，竣工决算已经审计，并经交通运输主管部门或其授权单位认定。

④竣工文件已完成"公路工程项目文件归档范围"的全部内容。

⑤档案、环保等单项验收合格，土地使用手续已办理。

⑥各参建单位完成工作总结报告。

⑦质量监督机构对工程质量检测鉴定合格，并形成工程质量鉴定报告。

单元小结

本单元主要介绍了在实际试验检测活动中存在的几种试验检测结果评定方法，主要分为工程质量检验评定阶段(过程控制)、竣(交)工验收阶段等。各阶段对应着不同的试验检测目的、方法、评价规则，需要学生加深理解，将试验检测工作与公路工程的各阶段相结合。

思考与习题

1. 学习本课程的目的和意义是什么？
2. 简述对试验检测人员的要求。
3. 填写原始数据记录需要注意哪些问题？
4. 简述路基路面工程质量检验评定方法。
5. 简述路基路面技术状况评定方法。
6. 简述公路工程竣(交)工验收办法。

单元 2　试验检测数据收集与整理

课题 4　抽样检验方法

一、总体与样本的关系

在数理统计中，研究对象为某项质量指标，将研究对象全体称为总体（又称母体），它是统计分析中所研究对象的全体。总体的每个元素，称为个体。从总体中抽取一部分个体就是样本。总体与样本的关系如图 2-1 所示。

课件：试验检测数据收集与整理

图 2-1　总体与样本的关系

抽样检验又称抽样检查，是从一批产品中随机抽取少量产品（样本）进行检验，据此判断该批产品是否合格的统计方法和理论。它与全面检验的不同之处在于后者需对整批产品逐个进行检验，将其中的不合格品拣出来，而抽样检验则根据样本中产品的检验结果来推断整批产品的质量。如果推断结果认为该批产品符合预先规定的合格标准，就予以接收，反之则拒收。所以，经过抽样检验认为合格的一批产品中，还可能含有一些不合格品。

由于公路工程总体数量大，故检查时往往采用抽样检查，对样品进行检验，通过样品质量反映总体的质量。

样本是从总体中抽取出来作为这一总体的代表的部分个体组成的集合体。样本的抽取方法不同，其表现的统计特征量也不同，反映的质量情况则不同。

二、抽样方法

抽样方法通常分为随机抽样、系统抽样和分层抽样三种。

(1)随机抽样是指一批产品共有 N 件，如其中任意 n 件产品都有同样的可能性被抽到，如抽奖时摇奖的方法就是一种简单的随机抽样。简单随机抽样时，必须注意不能有意识地抽好的或差的，也不能为了方便只抽表面摆放的或容易抽到的。

（2）系统抽样是指每隔一定时间或一定编号进行，而每一次又从一定时间间隔内生产出的产品或一段编号产品中任意抽取一个或几个样本的方法。这种方法主要用于无法知道总体的确切数量的场合，如每个班的确切产量，多见于流水生产线的产品抽样。

（3）分层抽样是指针对不同类产品有不同的加工设备、不同的操作者、不同的操作方法时对其质量进行评估的一种抽样方法。

在质量管理过程中，逐批验收抽样检验方案是最常见的抽样方案。验收抽样检验的具体做法通常是从交验的每批产品中随机抽取预定样本容量的产品项目，对照标准逐个检验样本的性能。如果样本中所含不合格品数不大于抽样方案中规定的数目，则判定该批产品合格，即为合格批，予以接收；反之，则判定为不合格，拒绝接收。

在路基路面工程检测中，对不同的检查项目，采用不同的检测方法。通常采取抽样检查，但有的项目采取总体全数检查的方法。

三、抽样检测流程

（1）凡是产品技术标准中已规定样本大小的，按标准规定执行；未明确规定样本大小的按检测规程和相应的技术标准中的方法确定，也可按百分比抽样的方法确定。百分比抽样的抽样基数不得小于样本的5倍；在生产场所抽样时，当天产量不得小于均衡生产时的基本日均产量；在使用中抽样时，抽样基数不得小于样本的2倍。

（2）抽样方法采用随机抽样的方法，由委托检测的单位提供编号进行。原则上抽样人不得与产品直接见面，样本应在生产单位或使用单位已经检测合格的基础上抽取。特殊情况下也允许在生产场所已经检测合格的产品中抽取。

（3）抽样人应以适当的方式封存样本，由样本所在部门运往检测部门，运输方式应不损坏样本、样品箱、样品桶、样品包装的外观及性能。

（4）填写样品登记表抽样结束后，由抽样人填写样品登记表，包括产品生产单位、产品名称、型号、样品中产品单件编号、封样的编号、抽样的依据、样本大小、抽样基数、抽样地点、运输方式、抽样日期、抽样人姓名、封样人姓名。

（5）检测时得到大量的原始数据，应进行分析和处理后才能获得准确可靠的检测结果。可以参照有关规范中有效数字的处理、可疑数据的剔除、误差的处理等方法进行实测数据的分析和处理。

课题5 数值修约

数值修约主要依据《数值修约规则与极限数值的表示和判定》(GB/T 8170—2008)。

一、数值修约定义

数值修约是指通过省略原数值的最后若干数字,调整所保留的末位数字,使最后所得到的值最接近原数值的过程。

修约间隔是指修约值的最小数值单位(修约间隔的数值一经确定,修约值即应为该数值的整数倍)。

例 2-1:如指定修约间隔为 0.1,修约值应在 0.1 的整数倍中选取,相当于将数值修约到一位小数。

例 2-2:如指定修约间隔为 100,修约值应在 100 的整数倍中选取,相当于将数值修约到"百"数位。

二、数值修约规则

1. 确定修约间隔

(1)指定修约间隔为 10^{-n}(n 为正整数),或指明将数值修约到 n 位小数;

(2)指定修约间隔为 1,或指明将数值修约到"个"数位;

(3)指定修约间隔为 10^n(n 为正整数),或指明将数值修约到 10^n 数位,或指明将数值修约到"十""百""千"等数位。

2. 进舍规则

"奇升偶舍法"又叫作"四舍六入法",其口诀为:"四舍六入五考虑,五后非零则进一,五后为零视奇偶,奇升偶舍要注意,修约一次要到位。"

(1)拟舍弃数字的最左一位数字小于 5,则舍去,保留其余各位数字不变。

例:将 12.149 8 修约到个数位,得 12;将 12.149 8 修约到一位小数,得 12.1。

(2)拟舍弃数字的最左一位数字大于 5,则进一,即保留数字的末位数字加 1。

例:将 1 268 修约到"百"数位,得 13×10^2(特定时可写为 1 300)。

注:本标准示例中,"特定场合"是指修约间隔明确时。

(3)拟舍弃数字的最左一位数字是 5,且其后有非 0 数字时进一,即保留数字的末位数字加 1。

例:将 10.500 2 修约到个数位,得 11。

(4)拟舍弃数字的最左一位数字为 5,且其后无数字或皆为 0 时,若所保留的末位数字为奇数(1,3,5,7,9)则进一,即保留数字的末位数字加 1;若所保留的末位数字为偶数(2,4,6,8,0),则舍去。

例 2-3:修约间隔为 0.1(或 10^{-1})。

拟修约数值	修约值
1.050	10×10^{-1}(特定场合可写成为 1.0)
0.35	4×10^{-1}(特定场合可写成为 0.4)

例 2-4：修约间隔为 1 000(或 10^3)。

拟修约数值	修约值
2 500	2×10^3(特定场合可写为 2 000)
3 500	4×10^3(特定场合可写为 4 000)

(5)负数修约时，先将它的绝对值按(1)~(4)的规定进行修约，然后在修约值前面加上负号。

例 2-5：将下列数字修约到"十"数位。

拟修约数值	修约值
−355	-36×10(特定时可写为 −360)
−325	-32×10(特定时可写为 −320)

例 2-6：将下列数字修约到三位小数，即修约间隔为 10^{-3}。

拟修约数值	修约值
−0.036 5	-36×10^{-3}(特定时可写为 −0.036)

3. 不允许连续修约

(1)拟修约数字应在确定修约间隔或指定修约数位后一次修约获得结果，不得多次连续修约。

例 2-7：修约 97.46，修约间隔为 1。

正确做法：97.46→97；

错误做法：97.46→97.5→98。

例 2-8：修约 25.454 6，修约间隔为 1。

正确做法：25.454 6→25；

错误做法：25.454 6→25.455→25.46→25.5→26。

(2)在具体实施中，有时测试与计算部门先将获得数值按指定的修约数位多一位或几位报出，而后由其他部门判定。为避免产生连续修约的错误，应按下述步骤进行。

①报出数值最右的非零数字为 5 时，应在数值右上角加"+"或"−"或不加符号，分别表明已进行过舍、进或未舍未进。

例 2-9：$16.50^{(+)}$ 表示实际值大于 16.50，经修约舍弃成为 16.50；$16.50^{(-)}$ 表示实际值小于 16.50，经修约进一成为 16.50。

②如对报出值需要进行修约，当拟舍弃数字的最左一位数字为 5，且其后无数字或皆为零时，数值右上角有"+"者进一，有"−"者舍去，其他仍按修约规则进行。

例 2-10：将下列数字修约到个数位(报出值多留一位至一位小数)。

实测值	报出值	修约值
25.454 6	25.5⁻	25
26.520 3	26.5⁺	27
27.500 0	27.5	28
−25.454 6	−25.5⁻	−25
−26.520 3	−26.5⁺	−27

4. 0.5 单位修约与 0.2 单位修约

在对数值进标行修约时，若有必要也可采用 0.5 单位修约或 0.2 单位修约。

(1) 0.5 单位修约（半个单位修约）。0.5 单位修约是指定修约间隔对拟修约的数值 0.5 单位进行的修约。

0.5 单位修约方法如下：将拟修约数值 X 乘以 2，按指定修约间隔对 $2X$ 依进舍规则规定修约，所得数值（$2X$ 修约值）再除以 2。

例 2-11：将下列数字修约到"个"数位的 0.5 单位修约。

拟修约数值 X	$2X$	$2X$ 修约值	X 修约值
70.25	140.50	140	70.0
70.38	140.76	141	70.5
−70.75	−141.50	−142	−71.0
70.28	140.56	141	70.5

(2) 0.2 单位修约。0.2 单位修约是指按指定修约间隔对拟修约的数值 0.2 单位进行的修约。

0.2 单位修约方法如下：将拟修约数值 X 乘以 5，按指定修约间隔对 $5X$ 依进舍规则修约，所得数值（$5X$ 修约值）再除以 5。

例 2-12：将下列数字修约到"百"数位的 0.2 单位修约。

拟修约数值 X	$5X$	$5X$ 修约值	X 修约值
630	3 150	3 200	640
642	3 210	3 200	640
−930	−4 650	−4 600	−920
632	3 160	3 200	640

课题6 数据统计特征与概率分布

一、数据统计特征

1. 试验检测数据分类

试验检测数据是评价工程质量的依据,分为计量值数据和计数值数据两大类。通常认为,凡是可以连续取值的,或者说可以用测量工具具体测量出小数点以下数值的数据,称为计量值数据。如长度、质量、温度、力度等,这类数据服从正态分布。在工程质量检验中得出的原始检验数据大部分是计量值数据。

凡是不能连续取值的,或者说即使用测量工具也得不到小数点以下数据的,只能以0或1、2、3等整数来描述的数据,称为计数值数据。如不合格品数、缺陷数等。计数值数据又可细分为计点数据和计件数据,计点数据服从泊松分布,计件数据服从二项分布。在工程质量检验中,以判断方法得出的数据和以感觉性检验方法得出的数据大多属于计数值数据。

当一个数据用百分率表示时,虽然表面上看百分率可以表示到小数点以下,但该数据类型取决于计算该百分率的分子,当分子是计数值时,该数据也就是计数值。

按照我国路基路面工程有关施工技术规范和质量检验评定标准规定,需要对每个检测或评定路段内的测定值计算平均值、标准差、变异系数等统计量。

2. 数据的统计

(1)算术平均值。算术平均值是反映产品平均水平的一个量,可用式(2-1)来计算:

$$\bar{x} = \frac{1}{n}(x_1 + x_2 + \cdots + x_n) = \frac{1}{n}\sum_{i=1}^{n} x_i \tag{2-1}$$

例2-13:某土方路基弯沉检测值如下($n=10$):103、102、105、107、110、105、105、98、101、106(0.01 mm),试求其算数平均值。

解:$\bar{x} = \frac{1}{10}(103+102+\cdots+101+106) = 104$

(2)中位数。在一组数据中,按其大小次序排序,以排在正中间的一个数表示总体的平均水平,称为中位数,或称中值,用$\tilde{x}$表示。n为奇数时,正中间的数只有一个;n为偶数时,正中间的数有两个,则取这两个数的平均值作为中位数,即

$$\tilde{x} = \begin{cases} x_{\frac{n+1}{2}}, & n\text{为奇数} \\ (x_{\frac{n}{2}} + x_{\frac{n}{2}+1}), & n\text{为偶数} \end{cases} \tag{2-2}$$

例2-14:某土方路基弯沉检测值如下($n=10$):103、102、105、107、110、105、105、98、101、106(0.01 mm),试求其中位数。

解:先排序:98、101、102、103、105、105、105、106、107、110。

找出中位数为:105、105。
$$\tilde{x}=(105+105)/2=105$$

(3)极差。极差是指在一组数据中最大值与最小值之差。
$$R=x_{\max}-x_{\min} \qquad (2\text{-}3)$$

例 2-15:某土方路基弯沉检测值如下($n=10$):103、102、105、107、110、105、105、98、101、106(0.01 mm),试求极差。

解:先排序:98、101、102、103、105、105、105、106、107、110。

找出最大值 $x_{\max}=110$,最小值 $x_{\min}=98$
$$R=110-98=12$$

(4)标准偏差。标准偏差也称为标准离差、标准差或称均方差,它是衡量样本数据波动性(离散程度)的指标。在质量检验中,总体的标准偏差 σ 一般不易求得。样本的标准偏差 S 按下式计算:

$$S=\sqrt{\frac{\sum_{i=1}^{n}(x_i-\overline{x})^2}{n-1}}=\sqrt{\frac{\sum_{i=1}^{n}x_i^2-n\overline{x}^2}{n-1}} \qquad (2\text{-}4)$$

例 2-16:某土方路基弯沉检测值如下($n=10$):103、102、105、107、110、105、105、98、101、106(0.01 mm),试求标准差。

解:先求出平均值:$\overline{x}=104$。

代入式(6-4)
$$S=\sqrt{\frac{(103-104)^2+\cdots+(106-104)^2}{10-1}}=3.37$$

(5)变异系数。标准偏差是反映样本数据的绝对波动状况,当测量较大的量值时,绝对误差一般较大;而测量较小的量值时,绝对误差一般较小,因此,用相对波动的大小,即变异系数更能反映样本数据的波动性。变异系数 C_v 按下式计算:

$$C_v=\frac{S}{\overline{x}}\times 100\% \qquad (2\text{-}5)$$

例 2-17:某土方路基弯沉检测值如下($n=10$):103、102、105、107、110、105、105、98、101、106(0.01 mm),试求其变异系数。

解:
$$C_v=\frac{3.37}{104}\times 100\%=3.2\%$$

二、正态分布与 t 分布

质量数据具有一定的规律性,这种规律性一般用概率分布来描述。概率分布的形式有很多,常用正态分布和 t 分布表示。

1. 正态分布

正态分布是应用最广泛的一种函数曲线,从工程检验中随机误差的分布规律中可以发现:其出现的频率与误差的正负、大小有密切的关系,绝对值小的出现的频率大,绝对值大的出现的频率小。以纵坐标表示误差出现的频率,以横坐标表示误差的大小,按直角坐标描点并将各点连成曲线,如图 2-2 所示。

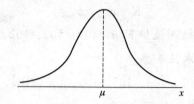

图 2-2 正态分布曲线

由图 2-2 可知,随机误差的基本特点遵循正态分布。正态分布又叫作高斯分布,是最常见的一种连续型分布。其正态分布曲线方程为

$$Y = f(\delta) = \frac{1}{\sigma\sqrt{2\pi}} e^{-\frac{\delta^2}{2\sigma^2}} \tag{2-6}$$

式中　e——自然对数的底;

　　　π——圆周率;

　　　δ——δ=x−μ;

　　　x——随机变量;

　　　μ——正态分布的平均值;

　　　σ——均方差(标准差)。

由上式可知,当均方差 σ 不同时,曲线的陡度也不相同,图 2-3 表示三种不同 σ($\sigma_1 < \sigma_2 < \sigma_3$)的随机误差正态分布曲线。其均方差为 σ_1 的曲线最陡,可靠性最大;而均方差为 σ_3 的曲线最平,随机误差的极限范围最大,可靠性最小。可见,均方差越大,测量的误差也越大。因此,它代表了随机误差的分散程度。

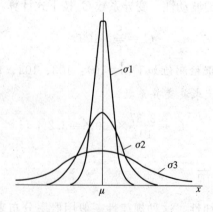

图 2-3 σ 不同取值的正态分布

2. t 分布

t 分布的概率密度函数为

$$t(x, n) = \frac{\Gamma\left(\frac{n+1}{2}\right)}{\sqrt{\pi n}\,\Gamma\frac{n}{2}}\left(1+\frac{t^2}{n}\right)^{-\frac{(n+1)}{2}} \quad (-\infty < x < +\infty) \tag{2-7}$$

式中 x——随机变量；

n——样本容量，在数理统计学中称为自由度。

当随机变量 x 服从自由度为 n 的 t 分布时，记作 $x \sim t(n)$。

当 $n \to \infty$ 时，t 分布趋于正态分布，一般说来，当 $n > 30$ 时，t 分布与标准正态分布就非常接近了。

在施工质量评价中，常需要解决总体标准偏差 σ 未知，如何估计平均值置信区间的问题。为解决这一问题，一个很自然的想法就是利用样本标准偏差 S 代替总体标准偏差 σ。

3. 最大误差和特异值

(1) 最大误差。在误差理论中，不只是把均方差看作估计观测或试验结果精度的标准。在某一条件下，已知观测或试验结果的均方差 σ 后，并不意味着在这种条件下进行的观测或试验，其随机误差或单个观测值(或试验结果)与平均值的偏差将位于 $\pm\sigma$ 范围内。

实际上所得的或可能发生的随机误差将比 σ 大得多，甚至为 2～3 倍。但是，误差越大，它出现的机会或概率也将越小。

例如，已知某一观测或试验结果组属于正态分布，并已知其均方差 σ，则根据概率论可利用正态分布表给出的系数 Z 值，求出 σ 的任意倍数随机误差出现的概率。从正态分布表可以看到，随机误差越大，它所出现的概率越小。当随机误差等于 3σ 时，它构成的范围 $(\overline{X}-3\sigma) \sim (\overline{X}+3\sigma)$，将包括 99.7% 可能的观测值，或单个观测值将有 99.7% 的概率位于此区间内。

换句话说，随机误差或单个观测值与平均值的偏差大于 3σ 的概率等于 0.003，也即在 1 000 个观测值中只能出现 3 个这样大的误差。在正常情况下，出现这样大的误差实际上是不可能的。因此，通常把等于 3 倍均方差的随机误差看作最大误差。

(2) 特异值。具有离散性的特大值或特小值统称为特异值。任何观测试验结果都带有误差，都具有离散性，而且有时会出现一些特大值或特小值。特异值出现的概率极小。在前面已经谈到，通常把等于 3 倍均方差的偏差看作最大误差。因此，可以将偏差大于 3 倍均方差的个别观测值看作特异值。如果将这些特异值与其他观测值放在一起进行统计分析，就会降低平均值的可靠性，增大均方差，使计算得到的波动范围、统计容许区间等过大。

例如，在对路基弯沉检测中，由于多种因素的影响，测得的弯沉值可能分散性大，而且会出现一些特大值，偶尔也会有特小值。如将这些特异值与其他值放在一起进行统计分析，则会增大平均值和均方差，从而增大代表弯沉值，其结果是，会由于极少数特异值的存在而使设计出的路面在大部分面积上过厚。

为了妥善地处理这些特异值，可以利用误差理论或数理统计原理来舍弃特异值。在某些情况下(例如，特大的弯沉值)，对舍弃的特异值需另做处理。就弯沉测量而言，特异值舍弃后，弯沉值的平均值和均方差都降低了，代表弯沉值也就降低了。

课题 7　可疑数据的取舍方法

由于工程检测数据有一定的离散性，因此必然会引起质量检测数据的波动。有时还会检测出一些明显过大或过小的数据，这些数据为可疑数据。因此，在进行数据分析之前，应用数理统计法判别其真伪，并决定取舍。常用的方法有拉依达法、肖维纳特法和格拉布斯法。

一、拉依达法

当试验次数较多时，可简单地用 3 倍标准偏差（3S）作为确定可疑数据取舍的标准。当某一测量数据（x_i）与其测量结果的算术平均值 $\bar{x}$ 之差大于 3 倍标准偏差时，用公式表示为

$$\frac{|x_i - \bar{x}|}{S} \geq k_n \tag{2-8}$$

该测量数据若符合式(2-8)，则应将其舍弃。

这是美国混凝土标准中所采用的方法，由于该方法是以 3 倍标准偏差作为判别标准的，因此也称为 3 倍标准偏差法，简称 3S 法。

取 3S 的理由：根据随机变量的正态分布规律，在多次试验中，测量值落在 $\bar{x}-3S$ 与 $\bar{x}+3S$ 之间的概率为 99.73%，出现在此范围之外的概率仅为 0.27%，也就是说在近 400 次试验中才能遇到一次，这种事件为小概率事件，出现的可能性很小，几乎是不可能的，因而在实际试验中，一旦出现，即应认为该测量数据是不可靠的，应将其舍弃。

另外，当测量值与平均值之差大于 2 倍标准偏差（即 $|x_i - \bar{x}| > 2S$）时，则该测量值应保留，但需存疑。当发现生产(施工)、试验过程中有可疑的变异时，该测量值则应予舍弃。

例 2-18：某土方路基弯沉检测值如下（$n=10$）：103、102、105、107、110、105、105、98、101、106(0.01 mm)，试用 3S 法判别其取舍。

解：分析上述 10 个测量数据，$x_{\min}=98$(0.01 mm) 和 $x_{\max}=110$(0.01 mm) 最可疑。故应首先判别 $x_{\min}$ 和 $x_{\max}$。

试验检测数据排序：98、101、102、103、105、105、105、106、107、110。

经计算：$\bar{x}=104$，$S=3.37$。

由于

$$|x_{\max} - \bar{x}| = |110 - 104| = 6 < 3S = 10.11$$
$$|x_{\min} - \bar{x}| = |98 - 104| = 6 < 3S = 10.11$$

故上述数据均保留。

拉依达法简单方便，不需查表，但要求宽泛，当试验检测次数较多或要求不高时可以应用。试验检测次数较少时（如 $n<10$），在一组测量值中即使混有异常值，也无法舍弃。

二、肖维纳特法

进行 n 次试验，其测量值服从正态分布，以概率 $1/(2n)$ 设定一判别范围（$-K_n S$,

K_nS），当偏差（测量值 x_i 与其算术平均值 $\bar{S}$ 之差）超出该范围时，就意味着该测量值是可疑的，应予舍弃。判断范围由下式确定：

$$\frac{1}{2n} = 1 - \int_{-K_n}^{K_n} \frac{1}{\sqrt{2\pi}} e^{-\frac{t^2}{2}} dt \tag{2-9}$$

式中 K_n——肖维纳特系数，与试验次数 n 有关，可由正态分布系数表查得，见表 2-1。

表 2-1 肖维纳特系数

n	K_n	n	K_n	n	K_n	n	K_n	n	K_n	n	K_n
3	1.38	8	1.86	13	2.07	18	2.20	23	2.30	50	2.58
4	1.53	9	1.92	14	2.10	19	2.22	24	2.31	75	2.71
5	1.65	10	1.96	15	2.13	20	2.24	25	2.33	100	2.81
6	1.73	11	2.00	16	2.15	21	2.26	30	2.39	200	3.02
7	1.80	12	2.03	17	2.17	22	2.28	40	2.49	500	3.20

因此，肖维纳特法可疑数据舍弃的标准为

$$\frac{X_i - \bar{X}}{S} \geq K_n \tag{2-10}$$

例 2-19：某土方路基弯沉检测值如下（$n=10$）：103、102、105、107、110、105、105、98、101、106（0.01 mm），试用肖维纳特法进行判别。

解：查表 7-1，当 $n=10$ 时，$K_n=1.96$。对于测量值 110，则

$$\frac{|x_i - \bar{x}|}{S} = \frac{|110 - 104|}{3.37} = 1.78 < K_n$$

故上述数据均保留。

肖维纳特法改善了拉依达法，但从理论上分析，当 $n \to \infty$，$K_n \to \infty$ 时，所有异常值都无法舍弃。另外，肖维纳特系数与置信水平之间无明确联系。

三、格拉布斯法

格拉布斯法假定测量结果服从正态分布，根据顺序统计量来确定可疑数据的取舍。

进行 n 次重复试验，测得结果为 $x_1, x_2, \cdots, x_i, \cdots, x_n$，从而 x 服从正态分布。

为了检验 $x_i (i=1, 2, \cdots, n)$ 中是否有可疑值，可将 x_i 按其值由小到大顺序重新安排，可得

$$x_{(1)} \leq x_{(2)} \leq \cdots \leq x_{(n)}$$

根据顺序统计原则，给出标准化顺序统计量 g：

当最小值 $x(1)$ 可疑时，则 $g(1) = \dfrac{\bar{x} - x(1)}{S}$

当最大值 $x(n)$ 可疑时，则 $g(n) = \dfrac{x(n) - \bar{x}}{S}$ $\tag{2-11}$

根据格拉布斯统计量的分布，在指定的显著性水平 β（一般 $\beta=0.05$）下，求得判别可疑

值的临界值 $g_0=(\beta, n)$，格拉布斯法的判别标准为

$$g \geq g_0(\beta, n) \tag{2-12}$$

当 $g \geq g_0(\beta, n)$ 时，该测量可疑值是异常的，应予以舍弃。格拉布斯系数 $g_0=(\beta, n)$ 列于表 2-2 中。

表 2-2　格拉布斯系数

n \ β	0.01	0.05	n \ β	0.01	0.05	n \ β	0.01	0.05
3	1.15	1.15	13	2.61	2.33	23	2.96	2.62
4	1.49	1.46	14	2.66	2.37	24	2.99	2.64
5	1.75	1.67	15	2.70	2.41	25	3.01	2.74
6	1.94	1.82	16	2.74	2.44	30	3.10	2.74
7	2.10	1.94	17	2.78	2.47	35	3.18	2.81
8	2.22	2.03	18	2.82	2.50	40	3.24	2.87
9	2.32	2.11	19	2.85	2.53	50	3.34	2.96
10	2.41	2.18	20	2.88	2.56	100	3.59	3.17
11	2.48	2.24	21	2.91	2.58			
12	2.55	2.29	22	2.94	2.60			

利用格拉布斯法每次只能舍弃一个可疑值，若有两个以上的可疑数据，应该依次舍弃。舍弃第一个数据后，检测次数由 n 变为 $n-1$，以此为基础再判别第二个可疑数据。

例 2-20：某土方路基弯沉检测值如下（$n=10$）：103、102、105、107、110、105、105、98、101、106（0.01 mm），试用格拉布斯系数法判别其取舍。

解：(1)试验检测数据从小到大次序排列如下：

98、101、102、103、105、105、105、106、107、110

(2)计算数据特征量：

$$\overline{x}=104, S=3.37$$

(3)计算统计量：

$$g(1)=\frac{\overline{X}-X(1)}{S}=\frac{104-98}{3.37}=1.78$$

$$g(n)=\frac{X(n)-\overline{X}}{S}=\frac{110-104}{3.37}=1.78$$

由于 $g(10)=g(1)$，首先判别 $x(1)=98$。

(4)选定显著性水平 $\beta=0.05$，并根据 $\beta=0.05$ 和 $n=10$，由表 7-2 查得 $g_0=(0.05, 10)=2.18$。

(5)判别：由于 $g(10)=g(1)=1.78 < g_0=(0.05, 10)=2.18$，因此上述数据均应保留。

需要注意的是，格拉布斯法，若有 1 个异常值，需剔除后重新计算剩余数值的标准差和算数平均数，再代入上述公式逐个判断数据的取舍。

单元小结

本单元主要介绍了公路工程检测和技术状况评定的目的和意义，检测所依据的规范规程和国家标准，工程项目划分和质量评定的方法。公路工程检测结果的准确性与可靠性将直接影响检测机构的工作质量，为了确保数据的可靠性，要求质检人员在检测过程中严格按照有关试验规程进行检测，掌握检测评定的方法，以达到提高工程质量、降低工程造价、推动公路工程施工技术发展的目的。本单元以数理统计为基础，介绍试验检测抽样检验、试验检测数据的修约规则、试验检测数据的统计特征与概率分布、试验可疑数据的取舍。学生应学会对公路工程质量进行检验评定，对公路技术状况进行评价，对竣(交)工程进行验收。

思考与习题

1. 将下列数字全部修约到两位小数：19.273 1；25.504 9；47.400 5；35.182 9；26.069 1。

2. 将下列数字全部修约到两位小数：25.735 07；76.845 02；28.645 01；38.275 09；56.305 000 001。

3. 将 60.28 修约到个数位的 0.5 单位。

4. 将下列数字修约到"百"数位的 0.2 单位：650；876；-730。

5. 某土方路基弯沉检测值如下($n=12$)：110、112、115、117、110、115、115、113、111、116、113、115(0.01 mm)，请算出其算数平均值、中位数、标准差、变异系数。

6. 某土方路基弯沉检测值如下($n=12$)：110、112、115、117、110、115、115、113、111、116、113、115(0.01 mm)，请分别用拉依达法、肖维纳特法和格拉布斯法进行可疑数据的取舍。

单元 3　路基路面几何尺寸及路面厚度检测

课题 8　路基路面现场检测选点方法

进行抽样试验时需要进行个体(测点)选择,以评价样本的各类技术指标。测点选择主要有均匀法、随机法、定向法、连续法、综合法五种方法。

课件：路基路面几何尺寸及路面厚度检测

一、均匀法

均匀法是指将道路沿纵向或横向进行等间距划分,并在划分点处做好标记,布置测点,如图 3-1 所示。

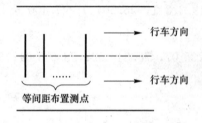
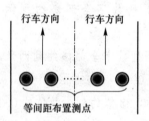

图 3-1　均匀法选点示意

二、随机法

对公路路基路面各个层次进行各种测定时,未采取代表性试验数据,往往用随机取样选点法确定测定区间、测定断面、测定位置。随机取样选点是按照数理统计原理,在路基路面现场测定时决定测定区间、测定断面、测点位置的方法。

随机选点法需要的材料如下：

(1)量尺：钢尺、皮尺或测距仪等；

(2)硬纸片：编号从 1~28 共 28 块(每块大小为 2.5 cm×2.5 cm),装在一个布袋中,或能够产生随机数的计算机软件(如 WPS 表格、Excel 等)；

(3)其他材料：毛刷、粉笔等。

1. 测定断面或测定区间的确定方法

根据路面施工或验收、质量评定方法等有关规范,确定需要检测的路段。检测路段可以是一个作业段、一天完成的路段或路线全程。在路基路面工程质量验收时,通常取 1 km

为一个测试路段。

(1)按照有关标准规范规定的测试区间(断面)数量要求,将确定的测试路段划分为若干个区间或断面,将其编号为第 1~n 个区间或第 1~n 个断面,其总的区间数或断面数为 T。公路路基路面测试一般采用等长度(间距)划分区间(断面)。当区间(断面)数量 $T>30$ 时,应分次选取,若采用计算机软件进行随机选取,则不受选取数量限制。

(2)随机抽取一块硬纸片,硬纸片上的编号即对应表 3-1 中的栏号。根据所抽取硬纸片对应的栏号,依次找出该栏号下 A 列 01~n 对应的 B 列中的值,也可通过计算机软件产生对应 A 值的 B 值。即得到 n 组 A 值、B 值。

(3)将 n 个 B 值与总区间数或断面数 T 相乘,四舍五入成整数,得到 n 个断面的编号,即可根据该编号确定实际断面位置。

表 3-1 一般取样的随机数表

栏号 1			栏号 2			栏号 3			栏号 4		
A	B	C	A	B	C	A	B	C	A	B	C
15	0.033	0.578	05	0.048	0.879	21	0.013	0.220	18	0.089	0.716
21	0.101	0.300	17	0.074	0.156	30	0.036	0.853	10	0.102	0.330
23	0.129	0.916	18	0.102	0.191	10	0.052	0.746	14	0.111	0.925
30	0.158	0.434	06	0.105	0.257	25	0.061	0.954	28	0.127	0.840
24	0.177	0.397	28	0.179	0.447	29	0.062	0.507	24	0.132	0.271
11	0.202	0.271	26	0.187	0.844	18	0.087	0.887	19	0.285	0.899
16	0.204	0.012	04	0.188	0.482	24	0.105	0.849	01	0.326	0.037
08	0.208	0.418	02	0.208	0.577	07	0.139	0.159	30	0.334	0.938
19	0.211	0.798	03	0.214	0.402	01	0.175	0.641	22	0.405	0.295
29	0.233	0.070	07	0.245	0.080	23	0.196	0.873	05	0.421	0.282
07	0.260	0.073	15	0.248	0.831	26	0.240	0.981	13	0.451	0.212
17	0.262	0.308	29	0.261	0.037	14	0.255	0.374	02	0.461	0.023
25	0.271	0.180	30	0.302	0.883	06	0.310	0.043	06	0.487	0.539
06	0.302	0.672	21	0.318	0.088	11	0.316	0.653	08	0.497	0.396
01	0.409	0.406	11	0.376	0.936	13	0.324	0.585	25	0.503	0.893
13	0.507	0.693	14	0.438	0.814	12	0.351	0.275	15	0.594	0.603
02	0.575	0.654	27	0.438	0.676	20	0.371	0.535	27	0.620	0.894
18	0.591	0.318	08	0.467	0.205	08	0.409	0.495	21	0.629	0.841
20	0.610	0.821	09	0.474	0.138	16	0.445	0.740	17	0.691	0.583
12	0.631	0.597	10	0.492	0.474	03	0.494	0.929	09	0.708	0.689
27	0.651	0.281	13	0.498	0.892	27	0.543	0.387	07	0.709	0.012
04	0.661	0.953	19	0.511	0.520	17	0.625	0.171	11	0.714	0.049

续表

22	0.692	0.089	23	0.591	0.770	02	0.699	0.073	23	0.720	0.695
05	0.779	0.346	20	0.604	0.730	19	0.702	0.934	03	0.748	0.413
09	0.787	0.173	24	0.654	0.330	22	0.816	0.802	20	0.781	0.603
10	0.818	0.837	12	0.728	0.523	04	0.838	0.166	26	0.830	0.384
14	0.905	0.631	16	0.753	0.344	15	0.904	0.116	04	0.843	0.002
26	0.912	0.376	01	0.806	0.134	28	0.969	0.742	12	0.884	0.582
28	0.920	0.163	22	0.878	0.884	09	0.974	0.046	29	0.926	0.700
03	0.945	0.140	25	0.939	0.162	05	0.977	0.494	16	0.951	0.601

栏号 5			栏号 6			栏号 7			栏号 8		
A	B	C	A	B	C	A	B	C	A	B	C
17	0.024	0.863	30	0.030	0.901	12	0.029	0.386	09	0.042	0.070
24	0.060	0.032	21	0.096	0.198	18	0.112	0.284	17	0.141	0.411
26	0.074	0.639	10	0.100	0.161	20	0.114	0.848	02	0.143	0.221
07	0.167	0.512	29	0.133	0.388	03	0.121	0.656	05	0.162	0.899
28	0.194	0.776	24	0.138	0.062	13	0.178	0.640	03	0.285	0.016
03	0.219	0.166	20	0.168	0.564	22	0.209	0.421	28	0.291	0.034
29	0.264	0.284	22	0.232	0.953	16	0.221	0.311	08	0.369	0.557
11	0.282	0.262	14	0.259	0.217	29	0.235	0.356	01	0.436	0.386
14	0.379	0.994	01	0.275	0.195	28	0.254	0.941	20	0.450	0.289
13	0.394	0.405	06	0.277	0.475	11	0.287	0.199	18	0.455	0.789
06	0.410	0.157	02	0.296	0.497	02	0.336	0.992	23	0.488	0.715
15	0.438	0.700	27	0.311	0.144	15	0.393	0.488	14	0.498	0.276
22	0.453	0.635	05	0.351	0.141	19	0.437	0.655	15	0.503	0.342
21	0.472	0.824	17	0.370	0.811	24	0.466	0.773	04	0.515	0.693
05	0.488	0.118	09	0.388	0.484	14	0.531	0.014	16	0.532	0.112
01	0.525	0.222	04	0.410	0.073	09	0.562	0.678	22	0.557	0.357
12	0.561	0.980	25	0.471	0.530	06	0.601	0.675	11	0.559	0.620
08	0.652	0.508	13	0.486	0.779	10	0.612	0.859	12	0.650	0.216
18	0.668	0.271	15	0.515	0.867	26	0.673	0.112	21	0.672	0.320
30	0.736	0.634	23	0.567	0.798	23	0.738	0.770	13	0.709	0.273
02	0.763	0.253	11	0.618	0.502	21	0.753	0.614	07	0.745	0.687
23	0.804	0.140	28	0.636	0.148	30	0.758	0.851	30	0.780	0.285
25	0.828	0.425	26	0.650	0.741	27	0.765	0.563	19	0.845	0.097
10	0.843	0.627	16	0.711	0.508	07	0.780	0.534	26	0.846	0.366
16	0.858	0.849	19	0.778	0.812	04	0.818	0.187	29	0.861	0.307

续表

04	0.903	0.327	07	0.804	0.675	17	0.837	0.353	25	0.906	0.874
09	0.912	0.382	08	0.806	0.952	05	0.854	0.818	24	0.919	0.809
27	0.935	0.162	18	0.841	0.414	01	0.867	0.133	10	0.952	0.555
20	0.970	0.582	12	0.918	0.114	08	0.915	0.538	06	0.961	0.504
19	0.975	0.327	03	0.992	0.399	25	0.975	0.584	27	0.969	0.811

栏号9			栏号10			栏号11			栏号12		
A	B	C	A	B	C	A	B	C	A	B	C
14	0.061	0.935	26	0.038	0.023	27	0.074	0.779	16	0.078	0.987
02	0.065	0.097	30	0.066	0.371	06	0.084	0.396	23	0.087	0.056
03	0.094	0.228	27	0.073	0.876	24	0.098	0.524	17	0.096	0.076
16	0.122	0.945	09	0.095	0.568	10	0.133	0.919	04	0.153	0.163
18	0.156	0.430	05	0.180	0.741	15	0.187	0.079	10	0.254	0.834
05	0.193	0.469	12	0.200	0.851	17	0.227	0.767	06	0.284	0.628
24	0.224	0.672	13	0.259	0.327	20	0.236	0.571	12	0.305	0.616
10	0.225	0.223	21	0.264	0.681	01	0.245	0.988	25	0.319	0.901
09	0.233	0.338	17	0.283	0.645	04	0.317	0.291	01	0.320	0.212
20	0.290	0.120	23	0.363	0.063	29	0.350	0.911	08	0.416	0.372
01	0.297	0.242	20	0.364	0.366	26	0.380	0.104	13	0.432	0.556
11	0.337	0.760	16	0.395	0.363	28	0.425	0.864	02	0.489	0.827
09	0.389	0.064	02	0.423	0.540	22	0.487	0.526	29	0.503	0.787
13	0.411	0.474	08	0.432	0.736	05	0.552	0.571	15	0.518	0.717
30	0.447	0.893	10	0.475	0.468	14	0.564	0.357	28	0.524	0.998
22	0.478	0.321	03	0.508	0.774	11	0.572	0.306	03	0.542	0.352
29	0.481	0.993	01	0.601	0.417	21	0.594	0.197	19	0.585	0.462
27	0.562	0.403	22	0.687	0.917	09	0.607	0.524	05	0.695	0.111
04	0.566	0.179	29	0.697	0.862	19	0.650	0.572	07	0.733	0.838
08	0.603	0.758	11	0.701	0.605	18	0.664	0.101	11	0.744	0.948
15	0.632	0.927	07	0.728	0.498	25	0.674	0.428	18	0.793	0.748
06	0.707	0.107	14	0.745	0.679	02	0.697	0.674	27	0.802	0.967
28	0.737	0.161	24	0.819	0.444	03	0.767	0.928	21	0.826	0.487
17	0.846	0.130	15	0.840	0.823	16	0.809	0.529	24	0.835	0.832
07	0.874	0.491	25	0.863	0.568	30	0.838	0.294	26	0.855	0.142
05	0.880	0.828	06	0.878	0.215	13	0.845	0.470	14	0.861	0.462
23	0.931	0.659	18	0.930	0.601	08	0.855	0.524	20	0.874	0.625
26	0.960	0.365	04	0.954	0.827	07	0.867	0.718	30	0.929	0.056
21	0.978	0.194	28	0.963	0.004	12	0.881	0.722	09	0.935	0.582
12	0.982	0.183	19	0.988	0.020	23	0.937	0.872	22	0.947	0.797

续表

栏号13			栏号14			栏号15			栏号16		
A	B	C	A	B	C	A	B	C	A	B	C
03	0.033	0.091	26	0.035	0.175	15	0.023	0.979	19	0.062	0.588
07	0.047	0.391	17	0.089	0.363	11	0.118	0.465	25	0.080	0.218
28	0.064	0.113	10	0.149	0.681	07	0.134	0.172	09	0.131	0.295
12	0.066	0.360	28	0.238	0.075	01	0.139	0.230	18	0.136	0.381
26	0.076	0.552	13	0.244	0.767	16	0.145	0.122	05	0.147	0.864
30	0.087	0.101	24	0.262	0.366	20	0.165	0.520	12	0.158	0.365
02	0.127	0.187	08	0.264	0.651	06	0.185	0.481	28	0.214	0.184
06	0.144	0.068	18	0.285	0.311	09	0.211	0.316	14	0.215	0.757
25	0.202	0.674	02	0.340	0.131	14	0.248	0.348	13	0.224	0.846
01	0.247	0.025	29	0.353	0.478	25	0.249	0.890	15	0.227	0.809
23	0.253	0.323	06	0.359	0.270	13	0.252	0.577	11	0.280	0.898
24	0.320	0.651	30	0.387	0.248	30	0.273	0.088	01	0.331	0.925
10	0.328	0.365	14	0.392	0.694	18	0.277	0.689	10	0.399	0.992
27	0.338	0.412	03	0.408	0.077	22	0.372	0.958	30	0.417	0.787
13	0.356	0.991	27	0.440	0.280	10	0.461	0.075	08	0.439	0.921
16	0.401	0.792	22	0.461	0.830	28	0.519	0.536	20	0.472	0.484
17	0.423	0.117	16	0.527	0.003	17	0.520	0.090	24	0.498	0.712
21	0.481	0.838	20	0.531	0.486	03	0.523	0.519	04	0.516	0.396
08	0.560	0.401	25	0.678	0.360	26	0.573	0.502	03	0.548	0.688
19	0.564	0.190	21	0.725	0.014	19	0.634	0.206	23	0.597	0.508
05	0.571	0.054	05	0.787	0.595	24	0.635	0.810	21	0.681	0.114
18	0.587	0.584	15	0.801	0.927	21	0.679	0.841	02	0.739	0.298
15	0.604	0.145	12	0.836	0.294	27	0.712	0.368	29	0.792	0.038
11	0.641	0.298	04	0.854	0.982	05	0.780	0.497	22	0.829	0.324
22	0.672	0.156	11	0.884	0.928	23	0.861	0.106	17	0.834	0.647
20	0.674	0.887	19	0.886	0.832	12	0.865	0.377	16	0.909	0.608
14	0.752	0.881	07	0.929	0.932	29	0.882	0.635	06	0.914	0.420
09	0.774	0.560	09	0.932	0.206	08	0.902	0.020	27	0.958	0.356
29	0.921	0.752	01	0.970	0.692	04	0.951	0.482	26	0.981	0.976
04	0.959	0.099	23	0.973	0.082	02	0.977	0.172	07	0.983	0.624
栏号17			栏号18			栏号19			栏号20		
A	B	C	A	B	C	A	B	C	A	B	C
13	0.045	0.004	25	0.027	0.290	12	0.052	0.075	20	0.030	0.881

续表

A	B	C	A	B	C	A	B	C	A	B	C
18	0.086	0.878	06	0.057	0.571	30	0.075	0.493	12	0.034	0.291
26	0.126	0.990	26	0.059	0.026	28	0.120	0.341	22	0.043	0.893
12	0.128	0.661	07	0.105	0.176	27	0.145	0.689	28	0.143	0.073
30	0.146	0.337	18	0.107	0.358	02	0.209	0.957	03	0.150	0.937
05	0.169	0.470	22	0.128	0.827	26	0.272	0.818	04	0.154	0.867
21	0.244	0.433	23	0.156	0.440	22	0.299	0.317	19	0.158	0.359
23	0.270	0.849	15	0.171	0.157	18	0.306	0.475	29	0.304	0.615
25	0.274	0.407	08	0.220	0.097	20	0.311	0.653	06	0.369	0.633
10	0.290	0.925	20	0.252	0.066	15	0.348	0.156	18	0.390	0.536
01	0.323	0.490	04	0.268	0.576	16	0.381	0.710	17	0.403	0.392
24	0.352	0.291	14	0.275	0.302	01	0.411	0.607	23	0.404	0.182
15	0.361	0.155	11	0.297	0.589	13	0.417	0.715	01	0.415	0.457
29	0.374	0.882	01	0.359	0.305	21	0.472	0.484	07	0.437	0.696
08	0.432	0.139	09	0.412	0.089	04	0.478	0.885	24	0.446	0.546
04	0.467	0.266	16	0.429	0.834	25	0.479	0.080	26	0.485	0.768
22	0.508	0.880	10	0.491	0.203	11	0.566	0.104	15	0.511	0.313
27	0.632	0.191	28	0.542	0.306	10	0.576	0.859	10	0.517	0.290
16	0.661	0.836	12	0.563	0.091	29	0.665	0.397	30	0.556	0.853
19	0.675	0.629	02	0.593	0.321	19	0.739	0.298	25	0.561	0.837
14	0.680	0.890	30	0.692	0.198	14	0.748	0.759	09	0.574	0.699
28	0.714	0.508	19	0.705	0.445	08	0.758	0.919	13	0.613	0.762
06	0.719	0.441	24	0.709	0.717	07	0.798	0.183	11	0.698	0.783
09	0.735	0.040	13	0.820	0.739	23	0.834	0.647	14	0.715	0.179
17	0.741	0.906	05	0.848	0.866	06	0.837	0.978	16	0.770	0.128
11	0.747	0.205	27	0.867	0.633	03	0.849	0.964	08	0.815	0.385
20	0.850	0.047	03	0.883	0.333	24	0.851	0.109	05	0.872	0.490
02	0.859	0.356	17	0.900	0.443	05	0.859	0.835	21	0.885	0.999
07	0.870	0.612	21	0.914	0.483	17	0.863	0.220	02	0.958	0.177
03	0.916	0.463	29	0.950	0.753	09	0.883	0.147	27	0.961	0.980
栏号 21			栏号 22			栏号 23			栏号 24		
A	B	C	A	B	C	A	B	C	A	B	C
01	0.010	0.946	12	0.051	0.032	26	0.051	0.187	08	0.015	0.521
10	0.014	0.939	11	0.068	0.980	03	0.530	0.256	16	0.068	0.994
09	0.032	0.346	17	0.089	0.309	29	0.100	0.159	11	0.118	0.400
06	0.093	0.180	01	0.091	0.371	13	0.102	0.465	21	0.124	0.565

续表

15	0.151	0.012	10	0.100	0.709	24	0.110	0.316	18	0.153	0.158
16	0.185	0.455	30	0.121	0.774	18	0.114	0.300	17	0.190	0.159
07	0.227	0.227	02	0.166	0.056	11	0.123	0.208	26	0.192	0.676
02	0.304	0.400	23	0.179	0.529	09	0.138	0.182	01	0.237	0.030
30	0.316	0.074	21	0.187	0.051	06	0.194	0.115	12	0.283	0.077
18	0.328	0.799	22	0.205	0.543	22	0.234	0.480	03	0.286	0.318
20	0.352	0.288	28	0.230	0.688	20	0.274	0.107	10	0.317	0.374
26	0.371	0.216	19	0.243	0.001	21	0.331	0.292	05	0.337	0.844
19	0.448	0.754	27	0.267	0.990	08	0.346	0.085	25	0.441	0.336
13	0.487	0.598	15	0.283	0.440	27	0.382	0.979	27	0.469	0.786
12	0.546	0.640	16	0.352	0.089	07	0.387	0.865	24	0.473	0.237
24	0.550	0.038	03	0.377	0.648	28	0.411	0.776	20	0.475	0.761
03	0.604	0.780	06	0.397	0.769	16	0.444	0.999	06	0.557	0.001
22	0.621	0.930	09	0.409	0.428	04	0.515	0.993	07	0.610	0.238
21	0.629	0.154	14	0.465	0.406	17	0.518	0.827	09	0.617	0.041
11	0.634	0.908	13	0.499	0.651	05	0.539	0.620	13	0.641	0.648
05	0.696	0.459	04	0.539	0.972	02	0.623	0.271	22	0.664	0.291
23	0.710	0.078	18	0.560	0.747	30	0.637	0.374	04	0.668	0.856
29	0.726	0.585	26	0.575	0.892	14	0.714	0.364	19	0.717	0.232
17	0.749	0.916	29	0.756	0.712	15	0.730	0.107	02	0.776	0.504
04	0.802	0.186	20	0.760	0.920	19	0.771	0.552	29	0.797	0.548
14	0.835	0.319	05	0.847	0.925	23	0.780	0.662	14	0.823	0.223
08	0.870	0.546	25	0.872	0.891	10	0.924	0.888	23	0.848	0.264
28	0.871	0.539	24	0.874	0.135	12	0.929	0.204	30	0.892	0.817
25	0.971	0.369	08	0.911	0.215	01	0.937	0.714	28	0.943	0.190
27	0.984	0.252	07	0.946	0.065	25	0.974	0.398	15	0.975	0.962
栏号 25			栏号 26			栏号 27			栏号 28		
A	B	C	A	B	C	A	B	C	A	B	C
05	0.126	0.658	20	0.136	0.576	07	0.197	0.013	03	0.210	0.054
14	0.161	0.189	05	0.158	0.228	16	0.125	0.363	23	0.234	0.533
18	0.166	0.040	10	0.216	0.565	08	0.222	0.520	13	0.266	0.799
28	0.248	0.171	02	0.233	0.610	13	0.269	0.477	20	0.305	0.603
06	0.255	0.117	07	0.278	0.357	02	0.288	0.012	05	0.372	0.223
19	0.420	0.557	19	0.510	0.207	27	0.587	0.643	14	0.483	0.095
21	0.467	0.943	03	0.512	0.329	12	0.603	0.745	12	0.507	0.375

续表

17	0.494	0.225	15	0.640	0.329	29	0.619	0.895	28	0.509	0.748
09	0.620	0.081	09	0.665	0.354	23	0.623	0.333	21	0.583	0.804
30	0.623	0.106	14	0.680	0.884	22	0.629	0.076	22	0.587	0.993
01	0.841	0.726	21	0.870	0.435	03	0.844	0.511	19	0.896	0.464
29	0.862	0.009	28	0.906	0.397	30	0.858	0.289	18	0.916	0.384
25	0.891	0.873	23	0.948	0.367	09	0.929	0.199	01	0.948	0.610
04	2.917	0.264	11	0.956	0.142	24	0.931	0.263	11	0.976	0.799
13	0.958	0.990	17	0.993	0.989	15	0.939	0.947	24	0.978	0.636

例 3-1：按照有关规范规定，拟从 K36+000～K37+000 的 1 km 测试路段中选择 20 个断面测定路面宽度、高程、横坡等外形尺寸，可采取以下方法确定断面：

(1)按照 20 m 等间距对拟测试路段内的断面进行编号。则 1 km 总长的断面数 $T=1\ 000/20=50$ 个，其编号为 1，2，…，50。

(2)从布袋中摸出一块硬纸片，其编号为 14，即使用表 3-1 的第 14 栏。

(3)从第 14 栏 A 列中挑出小于或等于 20 所对应的 B 列数值，将 B 与 T 相乘，四舍五入得到 20 个断面号，断面号乘以选择断面，并得到 20 个断面的桩号。

上述计算结果见表 3-2。

表 3-2 随机选取测试断面(纵向位置)示例计算表

断面编号	14栏A列	B列	B×T	断面号	桩号
1	17	0.089	4.45	4	K36+080
2	10	0.149	7.45	7	K36+140
3	13	0.244	12.2	12	K36+240
4	08	0.264	13.2	13	K36+260
5	18	0.285	14.25	14	K36+280
6	02	0.340	17.05	17	K36+340
7	06	0.359	17.95	18	K36+360
8	14	0.392	19.60	20	K36+400
9	03	0.408	20.40	20	K36+420
10	16	0.527	36.35	26	K36+520
11	20	0.531	26.55	27	K36+540
12	05	0.787	39.35	39	K36+780
13	15	0.801	40.05	40	K36+800
14	12	0.836	41.8	42	K36+840
15	04	0.854	42.7	43	K36+860
16	11	0.884	44.2	44	K36+880
16	19	0.886	44.3	44	K36+900
18	07	0.929	46.45	46	K36+920
19	09	0.932	46.6	47	K36+940
20	01	0.970	48.5	49	K36+980

2. 测点选取(纵向及横向位置)的步骤

(1)按照有关标准规范要求确定测点数量n。当$n>30$时应分次选取,若采用计算机软件进行随机选取,则不受选取数量限制。

(2)随机抽取一块硬纸片,纸片上的编号即对应表3-1中的栏号。根据所抽取硬纸片的栏号,依次找出该栏号下A列01~n值对应的B、C列中的值,也可通过计算机软件产生对应A值的B值和C值。即得n组A值、B值、C值。

(3)以A列中对应的B列中数值乘以测试路段的总长度,再加上测试路段起点的桩号,即得出取样纵向位置,即断面桩号。

(4)以A列中对应的C列中的数值,乘以检查路面的宽度,再减去宽度的一半,即得出取样位置离路面中心线的距离。若差值为正(+),则表示在中心线的右侧;若差值为负(-),则表示在中心线的左侧。

例3-2:按照有关规范规定,检查验收时拟在K36+000~K37+000的1 km测试路段中选择6个测点进行钻孔取样检验压实度、沥青用量和矿料级配等,可按照如下方法确定钻孔位置:

①随机抽取一张硬纸片,其编号为3。

②栏号3中从上至下小于或等于6个测点的数为:01、06、03、02、04及05。

③表3-1的B列中与这6个数相应的6个小数为0.175、0.310、0.494、0.699、0.838及0.977。

④取样路段长度1 000 m,计算得出6个乘积(取样位置与该段起点的距离)分别为175 m、310 m、494 m、699 m、838 m、977 m。

⑤表3-1的C列中与这6个数相应的6个小数为0.641、0.043、0.929、0.073、0.166及0.494。

⑥路面宽度为10 m,计算得6个乘积分别是6.41 m、0.43 m、9.29 m、0.73 m、1.66 m、4.94 m。再减去路面宽度的一半,6个取样的横向位置分别是右侧1.41 m、左侧4.57 m、右侧4.29 m、左侧4.27 m、左侧3.34 m及左侧0.06 m。

上述计算结果见表3-3。

表3-3 随机选取测点(纵向和横向位置)示例计算表

测点编号	栏号3		取样路段长1 000 m		路面宽度10 m		测点数6个
	A列	B列	距起点距离/m	桩号	C列	距路边缘距离/m	距中线位置/m
NO.1	01	0.175	175	K36+175	0.641	6.41	右1.41
NO.2	06	0.310	310	K36+310	0.043	0.43	左4.57
NO.3	03	0.494	494	K36+494	0.929	9.29	右4.29
NO.4	02	0.699	699	K36+699	0.073	0.73	左4.27
NO.5	04	0.838	838	K36+838	0.166	1.66	左3.34
NO.6	05	0.977	977	K36+977	0.494	4.94	左0.06

三、定向法

定向法是指选取轮迹带或出现裂缝、错台、板角等具有某个特征或指定的位置作为测点(图3-2)。

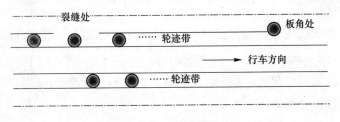

图 3-2　定向法选点示意

四、连续法

连续法是指按相应标准的规定，沿道路纵向间距连续、均匀布置测区(图3-3)。

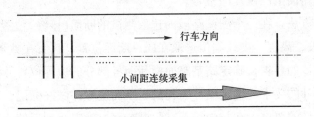

图 3-3　连续法选点示意

五、综合法

综合法是指同时按照上述两种以上选点方法的规定，确定测点位置。通常有沿道路纵向连续选择测区，测区内随机选择测点，或者沿道路纵向均匀确定测区，测区内定向选取测点等。

课题 9　路基路面几何尺寸检测

一、检测情景

某高速公路进行交工验收，需要检测几何尺寸。需要检测哪些参数？需要哪些仪器设备？如何检测？如何评定？

二、检测目的与适用范围

几何尺寸检测适用于测试路基路面的宽度、纵断面高程、横坡、中线偏位、边坡坡度、水泥混凝土路面相邻板高差和纵、横缝顺直度,以评价道路线形和几何尺寸。

三、仪器设备

(1)钢卷尺、钢直尺:分度值不大于 1 mm。
(2)塞尺:分度值不大于 0.5 mm。
(3)经纬仪、水准仪或全站仪。经纬仪:精度 DJ_2;水准仪:精度 DS_3;全站仪:测角精度 $2''$,测距精度 $[2\text{ mm}+2\times10^{-6}s(s\text{ 为测距})]$。
(4)水平尺:金属材料制成,基准面应平直,长度不小于 600 mm 且不大于 2 000 mm。
(5)坡度测量仪:分度值为 1°。
(6)尼龙线:直径不大于 0.5 mm。

四、检测过程

1. 准备工作

(1)确认路基或路面上已恢复的桩号。
(2)按现场选点方法,在一个测试路段内选取测试的断面(接缝)位置并做上标记。宜将路基路面宽度、横坡、高程、中线偏位选取在同一断面位置,且宜在整米桩号上测试。
(3)根据道路设计的要求,确定路基路面横断面各部分的边界位置并做好标记。
(4)根据道路设计的要求,确定设计高程的纵断面位置并做好标记。
(5)根据道路设计的要求,在与中线垂直的横断面上确定成型后路面的实际中线位置并做好标记。
(6)当采用全站仪测量边坡坡度时,根据道路设计的要求,确定路基边坡的坡顶、坡脚位置并做好标记。

2. 路基路面各部分的宽度及总宽度测试步骤

用钢卷尺沿中心线垂直方向上水平量取路基路面各部分的宽度,以"m"计,准确至 0.001 m。测量时钢卷尺应保持水平,不得将尺紧贴路面量取,也不得使用皮尺。

3. 纵断面高程测试步骤

(1)如图 3-4 所示,将水准仪架设在路面平顺处调平,将水准尺竖立在设计高程的纵断面位置上,以路线附近的水准点高程作为基准。测量高程并记录读数,以"m"计,精确至 0.001 m。
(2)连续测试全部测点,并与水准点闭合,闭合差应达到三等水准测量要求。

4. 路基路面横坡测试步骤

(1)对设有中央分隔带的路面:将水准仪(全站仪)架设在路基路面平顺处调平,将水准尺分别竖立在路面与中央分隔带分界的路缘带边缘 d_1 处(或路基顶面相应位置)及路面与路肩交界位置或外侧路缘石边缘(或路基顶面相应位置)d_2 处,d_1 与 d_2 两测点应在同一横断面上,测量 d_1 与 d_2 处的高程并记录读数,以"m"计,准确至 0.001 m。
(2)对无中央分隔带的路面:将水准仪(全站仪)架设在路基路面平顺处调平,将水准尺

图 3-4 纵断面高程检测

分别竖立在道路中心 d_1(或路基顶面相应位置)及路面与路肩交界位置或外侧路缘石边缘(或路基顶面相应位置)d_2 处，d_1 与 d_2 两测点应在同一横断面上，测量 d_1 与 d_2 处的高程，记录高程读数，以"m"计，精确至 0.001 m。

(3)用钢卷尺测量两测点的水平距离，以"m"计，精确至 0.005 m。

5. 中线偏位测试步骤

(1)对有中线坐标的道路：根据待测点 P 的施工桩号，在道路上标记 P 点，从设计资料中查出该点的设计坐标，用经纬仪(全站仪)对该设计坐标进行放样，并在放样点 P' 做好标记，量取 PP' 的长度，即为中线偏位 Δ_{CL}，以"mm"计，准确至 1 mm。

(2)对无中线坐标的道路：根据待测点 P 的施工桩号，在道路上标记 P 点，由设计资料计算出该点的坐标，用经纬仪(全站仪)对该坐标进行放样，并在放样点 P' 做好标记，量取 PP' 的长度，即为中线偏位 Δ_{CL}，以"mm"计，准确至 1 mm。

中线偏位检测如图 3-5 所示。

图 3-5 中线偏位检测

6. 路基边坡坡度测试步骤

(1)全站仪法。将全站仪架设在路基路面平顺处调平，在同一横断面上选择坡顶 a、坡

脚 b 两测点，分别测量其相对高程并记录读数 H_a、H_b，同时测量并记录两点间的水平距离 L，测量结果以"m"计，准确至 0.001 m。

(2)坡度测量仪法。将坡度测量仪的测试面垂直于路中线，放在待测边坡上，旋转刻度盘，将水平气泡调到水平位置，读取并记录刻度盘上的刻度值即为路基边坡坡度，保留两位小数。

边坡坡度检测如图 3-6 所示。

图 3-6　边坡坡度检测

7. 相邻板高差测试步骤

将水平尺垂直跨越接缝并水平放置于高出的一侧，用塞尺量测接缝处水平尺下基准面与位置较低板块的高差，以高差最大值为该接缝处的相邻板高差 H，测量结果以"mm"计，准确至 0.5 mm(图 3-7)。

图 3-7　相邻板高差检测

8. 纵、横缝顺直度测试步骤

(1)在待测试路段的直线段上，将尼龙线对齐 20 m 长的纵缝两端并拉直，用钢直尺量测纵缝与尼龙线的最大间距，测量结果以"mm"计，精确至 1 mm，即为该处纵缝顺直度。

(2)将尼龙线沿板宽对齐面板横缝两端并拉直,用钢直尺量测横缝与尼龙线的最大间距,测量结果以"mm"计,准确至 1 mm,即为该板的横缝顺直度。

纵、横缝顺直度检测如图 3-8 所示。

图 3-8　纵、横缝顺直度检测

五、结果处理

(1)按式(3-1)计算各个断面的实测宽度 B_{1i} 与设计宽度 B_{0i} 之差。总宽度为路基路面各部分宽度之和。

$$\Delta B_i = B_{1i} - B_{0i} \tag{3-1}$$

式中　B_{1i}——第 i 个断面的实测宽度(m);

B_{0i}——第 i 个断面的设计宽度(m);

ΔB_i——第 i 个断面的宽度偏差(m)。

(2)按式(3-2)计算各个断面的实测高程 H_{1i} 与设计高程 H_{0i} 之差。

$$\Delta H_i = H_{1i} - H_{0i} \tag{3-2}$$

式中　H_{1i}——第 i 个断面的纵断面实测高程(m);

H_{0i}——第 i 个断面的纵断面设计高程(m);

ΔH_i——第 i 个断面的纵断面高程偏差(m)。

(3)按式(3-3)计算实测横坡 i_{1i} 与设计横坡 i_{0i} 之差,结果准确至 0.01%。

$$i_{1i} = \frac{d_{1i} - d_{2i}}{B_{1i}} \times 100 \tag{3-3}$$

$$\Delta i_i = i_{1i} - i_{0i} \tag{3-4}$$

式中　i_{1i}——第 i 个断面的横坡(%);

d_{1i}、d_{2i}——第 i 个断面测点 d_{1i} 及 d_{2i} 处的高程读数(m);

B_{1i}——第 i 个断面测点 d_1 与 d_2 之间的水平距离(m);

i_{0i}——第 i 个断面的设计横坡(%);

Δi_i——第 i 个测定断面的横坡偏差(%)。

(4)按以下方法计算路基边坡坡度。边坡坡度通常以 1:m 的形式表示全站仪法,采用式(3-5)、式(3-6)计算路基边坡坡度。

$$H_i = H_{ai} - H_{bi} \tag{3-5}$$

$$m = L_i / H_i \tag{3-6}$$

式中　H_i——第 i 个断面坡顶、坡脚测点的高差即垂直距离(m);

H_{ai}、H_{bi}——第 i 个断面坡顶、坡脚测点的相对高程读数(m);

m_i——第 i 个断面的坡度值,路面坡度以 1:m_i 表示;

L_i——第 i 个断面坡顶、坡脚测点的水平距离(m)。

六、注意事项

(1)以评定路段为单位列出桩号、宽度、高程、横坡以及中线偏位测定的记录表,记录平均值、标准差、变异系数。注明不符合规范要求的断面。

(2)纵断面高程测试报告中应报告实测高程与设计高程的差值,低于设计高程为负,高于设计高程为正。

(3)路面横坡测试报告中应报告实测横坡与设计横坡的差值。实测横坡小于设计横坡差值为负;实测横坡大于设计横坡差值为正。

课题 10　路面结构层厚度检测

一、检测情景

某高速公路进行交工验收,需要检测路面厚度。需要哪些仪器设备?如何检测?如何评定?

二、检测目的与适用范围

本检测适用于测试路面结构层厚度。其中,挖坑法适用于基层或砂石路面的厚度测试,钻芯法适用于沥青面层、水泥混凝土路面板和能够取出完整芯样的基层的厚度测试。

三、仪器设备

(1)挖坑用镐、铲、凿子、锤子、小铲、毛刷。

(2)路面取芯机:手推式或车载式;配有淋水冷却装置。钻头的标准直径为 100 mm,如芯样仅供测量厚度,不做其他试验时,对沥青面层与水泥混凝土板也可用直径为 50 mm 的钻头;对基层材料有可能损坏试件时,也可用直径为 150 mm 的钻头,但钻孔深度均必须达到层厚。

(3)量尺:钢直尺、游标卡尺,分度值不大于 1 mm。

(4)其他设备:直尺、搪瓷盘、棉纱等。

四、检测过程

1. 准备工作

(1)按现场选点方法确定挖坑测试或钻芯取样的位置,如为既有道路,应避开坑洞等显著缺陷或接缝位置。

(2)在选择的试验地点,选一块约 400 mm×400 mm 的平坦表面,用毛刷将其清扫干净。

2. 挖坑法厚度检测步骤

(1)根据材料坚硬程度,选择镐、铲、凿子等适当的工具,开挖这一层材料,直至层位底面。在便于开挖的前提下,开挖面积应尽量缩小,坑洞大体呈圆形,边开挖边将材料铲出,置于搪瓷盘。

(2)用毛刷清扫坑底,确认已开挖至下一层的顶面。

(3)将直尺平放横跨于坑的两边,用钢直尺在坑的中部位置垂直伸至坑底,测量坑底至直尺下缘的距离,即为测试层的厚度 T_1,以"mm"计,准确至 1 mm。

3. 钻芯法厚度检测步骤

(1)按《公路路基路面现场测试规程》(JTG 3450—2019)中 T0903 的规定用路面取芯机钻孔并取出芯样,钻孔深度应超过测试层的底面。

(2)取出完整芯样,找出与下层的分界面。

(3)用钢直尺或游标卡尺沿芯样圆周对称的十字方向量取表面至分界面的高度,共 4 处,计算其平均值,即为该层的厚度 T_1,以"mm"计,准确至 1 mm。

4. 清理、填补压实

清理干净坑中的残留物,用棉纱等材料吸干钻孔时留下的积水,待干燥后采用同类型材料填补压实。

钻芯法检测路面厚度如图 3-9 所示。

图 3-9 钻芯法检测路面厚度

五、结果处理

按式(3-7)计算路面实测厚度 T_{1i} 与设计厚度 T_{0i} 之差。

$$\Delta T_i = T_{1i} - T_{0i} \tag{3-7}$$

式中　T_{1i}——路面第 i 层的实测厚度(mm)；

　　　T_{0i}——路面第 i 层的设计厚度(mm)；

　　　ΔT_i——路面第 i 层厚度的偏差(mm)。

计算一个评定路段检测厚度的平均值、标准差、变异系数，并计算代表厚度。

单元小结

在路基路面现场测定时，掌握随机选取测定区间、测定断面、测点位置的方法；掌握路面各部分的宽度、高程、横坡及中线偏位等几何尺寸的检测方法；掌握用挖坑法和钻芯法检测路面结构层厚度。

思考与习题

1. 简述检测路面厚度的理由。

2. 某一级水泥稳定粒料基层的设计厚度为 20 cm，待评定路段的检测值(mm)为 210、222、201、198、185、202、210、211、220、195，试评价其厚度是否满足要求。

单元4　路基路面压实度检测

课题11　压实度概述

压实度是指土或其他筑路材料压实后的(干)密度与标准最大干密度之比，以百分率表示。

对于路基土及路面基层，压实度是指工地实际达到的干密度与室内标准击实试验所得的最大干密度的比值；对于沥青路面，压实度是指现场实际达到的密度与室内标准密度的比值。

课件：路基路面压实度检测

路基路面现场测定压实度常用的方法主要有以下几种：
(1)挖坑灌砂法测定压实度。
(2)环刀法测定压实度。
(3)钻芯法测定沥青路面面层压实度。

课题12　标准密度的确定

挖坑灌砂法和环刀法测定压实度以室内击实试验得出的最大干密度为标准密度；钻芯法测定沥青路面面层压实度，以沥青拌合厂每天取样试验的马歇尔试件密度、试验路段的密度或是每天实测的最大理论密度为标准密度。

一、路基土标准密度(最大干密度)的确定

根据土的粒径大小，最大干密度试验方法主要有击实法、振动台法和表面振动压实仪法。其中，击实法又分为轻型击实法和重型击实法，可根据工程要求进行选择。各方法的适用范围见表4-1。

表 4-1　最大干密度确定方法比较

试验方法	适用范围	土的粒组
击实法	①内径 100 mm 试筒适用于粒径不大于 20 mm 的土；内径 152 mm 试筒适用于粒径不大于 40 mm 的土。 ②当土中最大颗粒粒径大于或等于 40 mm，并且大于或等于 40 mm 颗粒粒径的质量含量大于 5%时，应使用大尺寸试筒进行击实试验，或按照《公路土工试验规程》(JTG E40—2007)要求进行密度修正。大尺寸试筒要求其最小尺寸大于土样中最大颗粒粒径的 5 倍以上，且击实试验的分层厚度应大于土样中最大颗粒粒径的 3 倍以上。单位体积击实功能控制为 2 677.2~2 687.0 kJ/m³。 ③当细粒土中的粗粒土总含量大于 40%或粒径大于 0.005 mm 颗粒的含量大于土总质量的 70%（d_{30}≤0.005 mm）时，还应做粗粒土最大干密度试验，其结果与重型击实试验结果比较，最大干密度取两种试验结果的最大值	细粒土
表面振动压实仪法	①本试验方法适用于测定无黏性自由排水粗粒土和巨粒土(包括堆石料)的最大干密度。 ②本试验方法适用于通过 0.075 mm 标准筛的土颗粒，质量百分数不大于 15%的无黏性自由排水粗粒土和巨粒土。 ③对于最大颗粒大于 60 mm 的巨粒土，因受试筒容许最大粒径的限制，宜按相似级配法的规定处理	粗粒土、巨粒土
振动台法	①本试验方法适用于测定无黏性自由排水粗粒土和巨粒土(包括堆石料)的最大干密度。 ②本试验方法适用于通过 0.075 mm 标准筛的土颗粒，质量百分数不大于 15%的无黏性自由排水粗粒土和巨粒土。 ③对于最大颗粒大于 60 mm 的巨粒土，因受试筒容许最大粒径的限制，宜按相似级配法的规定处理	粗粒土、巨粒土

通过击实试验可以得到土的最大干密度和最佳含水率。击实试验根据击实功的不同，可以分为轻型击实法和重型击实法。这两种方法的原理和基本规律相似，但重型击实试验的单位击实功是轻型击实试验的 4.5 倍。现场检测采用哪种方法，应根据有关规定或工程、科学试验的特殊要求选定。试验表明，在单位体积击实功相同的情况下，同类土用轻型和重型击实试验的结果相同。根据试样的含水率不同，击实试验分为干土法和湿土法。这两种方法试样都不可重复使用。对于高含水率土宜选用湿土法，对于非高含水率土则选用干土法。

表面振动压实仪法与振动台法均是采用振动方法测定土的最大干密度。不同之处在于，表面振动压实仪法是振动作用自土体表面垂直向下传递，而振动台法是整个土样同时受到垂直方向的振动作用。研究结果表明，这两种方法对无黏性自由排水土最大干密度试验的测定结果基本一致，但振动台法试验设备及操作比较复杂；表面振动压实仪法相对比较简单，且更接近于现场振动碾压的实际状况。在实际使用时，可根据试验设备情况选择试验方法，但推荐优先考虑采用表面振动压实仪法。对于大于 60 mm 的巨粒土，因受试筒允许最大粒径的限制，推荐采用按相似级配法缩小粒径的系列模型试料。

以上各种试验方法的仪器设备、试验步骤等详见《公路土工试验规程》(JTG E40—2007)。

二、路面基层材料标准密度(最大干密度)的确定

我国常用的路面基层材料有无机结合料稳定类和粒料类两种。其中，粒料类基层材料可参照粗粒土和巨粒土的试验方法确定最大干密度。无机结合料稳定类基层材料按照《公路工程无机结合料稳定材料试验规程》(JTG E51—2009)执行，采用击实法确定最大干密度。当粗集料含量较大(50％以上)时，可采用振动压实试验方法确定最大干密度。一般来说，振动压实试验确定的最大干密度大于击实试验确定的最大干密度。因为还未建立起振动压实试验测试的干密度与击实试验和工程现场振动击实效果的相关关系，所以，该试验方法主要用于室内研究。

三、沥青混合料标准密度的确定

按照《公路沥青路面施工技术规范》(JTG F40—2004)附录 E 的规定，沥青混合料标准密度有以下三种：以实验室密度作为标准密度、以每天实测的最大理论密度作为标准密度和以试验路密度作为标准密度。在压实度评定时，压实度的规定值根据选用的标准密度不同而改变。沥青混合料密度试验方法分为表干法、水中重法、蜡封法、体积法四种，应根据每种试验方法的适用条件进行选择。

课题 13　挖坑灌砂法测定压实度

一、方法简介

本方法适用于在现场测定基层或底基层、砂石路面及路基结构的压实度。不适用于填实路堤等有大孔洞或大空隙的结构压实度测试。

用挖坑灌砂法测定密度和压实度时，应符合下列规定：

(1)当填料的最大粒径小于 13.2 mm，测定层的厚度不大于 150 mm 时，宜采用 ϕ100 mm 的小型灌砂筒测试。

(2)当填料的最大粒径大于或等于 13.2 mm，但不大于 31.5 mm，测定层的厚度不超过 200 mm 时，宜采用 ϕ150 mm 的中型灌砂筒测试。

(3)当填料的最大粒径大于或等于 31.5 mm，但不大于 63 mm，测定层的厚度不超过 300 mm 时，宜采用 ϕ200 mm 的大型灌砂筒测试。

(4)当填料的最大粒径大于或等于 63 mm，但不大于 100 mm，测定层的厚度不超过

400 mm 时，宜采用 ϕ250 mm 及以上的灌砂筒测试。

(5)当路基填料最大粒径超过 100 mm 时，应采用其他方法测试压实度；当挖坑过程中存在超过规范规定粒径的 10% 的填料时，应另在附近选点重做。试验过程中若发现储砂筒内砂不足以填满试坑时，说明灌砂筒尺寸过小，应选择较大尺寸的灌砂筒重新试验，而不应该在试验过程中添加量砂。

二、仪具与材料技术要求

本方法需要以下仪具与材料：

(1)灌砂筒：为一金属圆筒(可用镀锌薄钢板制作)，有大、小两种。上部储砂筒，小筒直径为 100 mm，容积为 2 121 cm³；中筒直径为 150 mm，容积为 4 771 cm³；大筒直径为 200 mm，容积为 8 482 cm³。筒底中心有一个圆孔，为流砂孔，小筒流砂孔直径为 10 mm，中筒流砂孔直径为 15 mm，大筒流砂孔直径为 20 mm。下部装一倒置的圆锥形漏斗，漏斗上端开口，直径与储砂筒的圆孔相同，漏斗焊接在一块铁板上，铁板中心有一圆孔与漏头上开口相接。在储砂筒筒底与漏斗顶端铁板之间设有开关，开关为一薄铁板，一端与筒底及漏斗铁板铰接在一起，另一端伸出筒身外，开关铁板上也有一个相同直径的圆孔。

(2)标定罐：金属材质，用于小型砂筒的内径为 100 mm，用于中型砂筒的直径为 150 mm，用于大型砂筒的直径为 200 mm，上端周围均有一圈罐缘。

(3)基板：用薄铁板制作的金属方盘，盘中心有一圈圆孔。

(4)玻璃板：边长 500～600 mm 的方形板。

(5)试样盘和铝盒：小筒挖出的试样可用铝盒存放，大筒挖出的试样可用 300 mm×500 mm×40 mm 的搪瓷试样盘存放。

(6)电子秤：分度值不大于 1 g。

(7)电子天平：用于含水率测试时，对细粒土、中粒土、粗粒土宜分别为 0.01 g、0.1 g、1.0 g。

(8)含水率测试设备：如铝盒、烘箱、微波炉等。

(9)量砂：粒径 0.30～0.60 mm 清洁干燥的均匀砂，20～40 kg，使用前须洗净烘干，筛分至符合要求并放置 24 h 以上，使其与空气的湿度达到平衡。

(10)盛砂的容器：塑料桶等。

(11)温度计：分度值不大于 1 ℃。

(12)其他仪具与材料：凿子、螺钉旋具、铁锤、长把勺、长把小簸箕、毛刷等。

三、测试方法与步骤

1. 准备工作

(1)按现行试验方法，对结构层填料进行击实试验，得到最大干密度(ρ_c)。

(2)根据集料最大粒径和测定层厚选用适宜的灌砂设备。

(3)标定灌砂设备下部圆锥体内砂的质量,步骤如下:

①在储砂筒筒口高度上,向储砂筒内装砂至距离筒顶 15±5 mm。称取装入筒内砂的质量 m_1,精确至 1 g,以后每次标定及试验都应该维持装砂高装与质量不变。

②将开关打开,使灌砂筒筒底的流砂孔、圆锥形漏斗上端开口圆孔及开关铁板中心的圆孔上下对准,让砂自由流出,并使流出砂的体积与标定罐的容积相当(或等于工地所挖试坑内的体积),然后关上开关。

③不晃动储砂筒中的砂,轻轻地将灌砂筒移至玻璃板上,将开关打开,让砂流出,直到筒内砂不再下流时,将开关关上,并细心地取走灌砂筒。

④称量留在玻璃板上的砂或称量储砂筒内砂的质量,准确至 1 g,玻璃板上的砂质量就是圆锥体内砂的质量(m_2)。

⑤重复上述测量三次,取其平均值。

(4)标定量砂的单位质量 ρ_s(g/cm³),其步骤如下:

①用 15 ℃~25 ℃的水确定标定罐的容积 V,精确至 1 mL。

②在储砂筒中装入质量为 m_1 的砂,并将灌砂筒放在标定罐上,将开关打开,让砂流出。在整个流砂过程中,不要碰灌砂筒,直到灌砂筒内的砂不再下流时,将开关关闭,取下灌砂筒,称取筒内剩余砂的质量(m_3),准确至 1 g。

③按式(4-1)计算填满标定罐所需砂的质量 m_a(g):

$$m_a = m_1 - m_2 - m_3 \tag{4-1}$$

式中 m_a——标定罐中砂的质量(g);

m_1——装入储砂筒内砂的总质量(g);

m_2——灌砂筒下部圆锥体内砂的质量(g);

m_3——灌砂入标定罐后,筒内剩余砂的质量(g)。

④重复上述测量三次,取其平均值。

⑤按式(4-2)计算量砂的松方密度 ρ_s:

$$\rho_s = \frac{m_a}{V} \tag{4-2}$$

式中 ρ_s——量砂的松方密度(g/cm³);

V——标定罐的体积(cm³)。

2. 试验步骤

(1)在试验地点,选一块平坦表面,并将其清扫干净,其面积不得小于基板面积。

(2)将基板放在平坦表面上。当表面的粗糙度较大时,则将盛有量砂(m_1)的灌砂筒放在基板中间的圆孔上。将灌砂筒的开关打开,让砂流入基板的中孔,直到储砂筒内的砂不再下流时,关闭开关。取下灌砂筒,并称量筒内砂的质量 m_5,准确至 1 g。

(3)取走基板,并将留在试验地点的量砂收回,重新将表面清扫干净。

(4)将基板放回清扫干净的表面上(尽量放在原处),沿基板中孔凿洞(洞的直径与灌砂筒一致)。在凿洞过程中,应注意不使凿出的材料丢失,并随时将凿松的材料取出装入塑料袋中或大铝盒内密封,防止水分蒸发。试洞的深度应等于测试层厚度,但不得有下层材料混入,最后将洞内的全部凿松材料取出。对土基或基层,为防止试样盘内材料的水分蒸发,可分几次称取材料的质量,全部取出材料的总质量为 m_w,准确至 1 g。

(5)从挖出的全部材料中取有代表性的样品,放在铝盒或洁净的搪瓷盘中,测定其含水率(w,以%计)。单组取样数量如下:用小型灌砂筒测定时,对于细粒土,不少于 100 g;对于各种中粒土,不少于 500 g。用中型灌砂筒测定时,对于细粒土,不少于 200 g;对于各种中粒土,不少于 1 000 g;对于粗粒土或水泥、石灰、粉煤灰等无机结合料稳定材料,宜将取出的全部材料烘干,且不少于 2 000 g,称其质量 m_d。用大型灌砂筒测试时,宜将取出的材料全部烘干,称其质量 m_d。

(6)将基板安放在试坑原位上,将灌砂筒安放在基板中间(储砂筒内放满砂到要求质量 m_1),使灌砂筒的下口对准基板的中孔及试洞,打开灌砂筒的开关,让砂流入试坑内。在此期间,应注意勿碰灌砂筒。直到储砂筒内的砂不再下流时,关闭开关。仔细取走灌砂筒,并称量筒内剩余砂的质量 m_4,准确至 1 g。

(7)如清扫干净的平坦表面的粗糙度不大,也可省去(2)和(3)的操作。在试洞挖好后,将灌砂筒直接对准放在试坑上,中间不需要放基板。打开筒的开关,让砂流入试坑内。在此期间,应注意勿碰灌砂筒。直到储砂筒内的砂不再下流时,关闭开关。仔细取走灌砂筒,并称量剩余砂的质量 m_4',准确至 1 g。

(8)仔细取出试筒内的量砂,以备下次试验时再用。

(9)取走基板,将留在试坑内未混入杂质的量砂收回。将坑内剩余量砂清理干净后,回填与被测结构同材质的填料,并用铁锤分 3~4 层夯实。

(10)回收的量砂烘干、过筛,并放置 24 h 以上,使其与空气的湿度达到平衡后可以继续使用。若量砂中混有杂质,则应废弃。

四、计算

(1)按式(4-3)或式(4-4)计算填满试坑所用的砂的质量 m_b(g):

灌砂时,试坑上放有基板:

$$m_b = m_1 - m_4 - (m_1 - m_5) \tag{4-3}$$

灌砂时,试坑上不放基板:

$$m_b = m_1 - m_4' - m_2 \tag{4-4}$$

式中 m_b——填满试坑的砂的质量(g);

m_1——灌砂前灌砂筒内砂的质量(g);

m_2——灌砂筒下部圆锥体内砂的质量(g);

m_4、m_4'——灌砂后,储砂筒内剩余砂的质量(g);

(m_1-m_5)——灌砂筒下部圆锥体内及基板和粗糙表面间砂的合计质量(g)。

(2)按式(4-5)计算试坑材料的湿密度 ρ_w(g/cm³):

$$\rho_w = \frac{m_w}{m_b} \times \rho_s \tag{4-5}$$

式中 m_w——试坑中取出的全部材料的质量(g);

ρ_s——量砂的松方密度(g/cm³)。

(3)按式(4-6)计算试坑材料的干密度 ρ_d(g/cm³):

$$\rho_d = \frac{\rho_w}{1+0.01w} \tag{4-6}$$

式中 w——试坑材料的含水率(%)。

(4)当为水泥、石灰、粉煤灰等无机结合料稳定土的场合,可按式(4-7)计算干密度 ρ_d。

$$\rho_d = \frac{m_d}{m_b} \times \rho_s \tag{4-7}$$

式中 ρ_d——当为水泥、石灰、粉煤灰等无机结合料稳定土时的密度(g/cm3);

m_d——试坑中取出的稳定土的烘干质量(g)。

(5)按式(4-8)计算施工压实度。

$$K = \frac{\rho_d}{\rho_c} \times 100 \tag{4-8}$$

式中 K——测试地点的施工压实度(%);

ρ_d——试样的干密度(g/cm³);

ρ_c——由击实等试验得到的最大干密度(g/cm³)。

五、注意事项

为保证试验的准确度,试验过程中应注意以下几个方面:

(1)量砂要规则,每换一批次量砂,都需要重新测试圆锥体内砂的质量和松方密度。试坑内回收的量砂未经处理不得重复使用,因此,量砂宜事先多准备,切勿到试验时临时找砂。

(2)灌砂筒的选择应遵循以填料粒径为主,测试层厚度为辅的原则。

(3)地表面处理要平,只要表面凸出一点(即使 1 mm),使整个表面高出一薄层,其体积便算入试坑,将影响试验结果。因此,试验时一般宜采用先放上基板测定一次粗糙表面消耗的量砂。只有在非常光滑的情况下方可省去此步骤操作。

课题 14 环刀法测定压实度

一、方法简介

本方法适用于在现场测定细粒土及无机结合料稳定细粒土的密度。但对无机结合料稳定细粒土,其龄期不宜超过 2 d,且宜用于施工过程中的压实度检验。

二、仪具与材料技术要求

本方法需要下列仪具与材料：

(1)人工取土器：包括环刀、环盖，定向筒和击实锤系统(导杆、落锤、手柄)。环刀内径为6~8 cm，高为2~5.4 cm，壁厚为1.5~2 mm。

(2)电动取土器：由底座、立柱、升降机构、取芯机构、动力和传动机构组成。

(3)天平：分度值不大于0.01 g。

(4)其他仪具与材料：镐、小铁锹、修土刀、毛刷、直尺、钢丝锯、凡士林、木板及测试含水率设备等。

三、测试方法与步骤

1. 准备工作

(1)对结构层填料进行击实试验，得到最大干密度(ρ_c)及最佳含水率。

(2)在现场选取位置相邻的两处作为平行试验的测点。

2. 用人工取土器测试黏性土及无机结合料稳定细粒土密度的步骤

(1)擦净环刀，称取环刀质量 M_2，准确至 0.1 g。

(2)在试验地点，将面积约 30 cm×30 cm 的地面清扫干净，并铲去压实层表面浮动及不平整的部分。

(3)将定向筒齿钉固定铲于铲平的地面上。顺次将环刀、环盖放入定向筒内与地面垂直。

(4)将导杆保持垂直状态，用取土器落锤将环刀打入压实层。在施工过程控制或质量评定时，环刀中部处于压实层厚的1/2深度；用于其他需要的测试时，可按其要求深度取样。

(5)去掉击实锤和定向筒，用镐将环刀及试样挖出。

(6)轻轻取下环盖，用修土刀自边至中削去环刀两端余土，用直尺测试直到修平为止。

(7)擦净环刀外壁，用天平称取环刀及试样合计质量 M_1，精确到 0.01 g。

(8)自环刀中取出试样，取具有代表性的试样(不少于 100 g)，测其含水率 w。

3. 用人工取土器测试砂性土或砂层密度时的步骤

(1)如为湿润的砂土，试验时不宜使用击实锤和定向筒，在铲平的地面上，细心挖出一个直径较环刀外径略大的砂土柱，将环刀刃口向下，平置于砂土柱上，用两手平稳地将环刀垂直下压，环刀中部处于压实层厚的1/2深度。

(2)削掉环刀刃口上的多余砂土，并用直尺刮平。

(3)在环刀上口盖一块平滑的木板，一手按住木板，另一手用小铁锹将试样从环刀底部切断，然后将装满试样的环刀反转过来，削掉环刀刃口上部多余砂土，并用直尺刮平。

(4)擦净环刀外壁，称环刀与试样合计质量 M_1，准确至 0.01 g。

(5)自环刀中取出具有代表性的试样(不少于 100 g)，测其含水率 w。

(6)干燥的砂土不能挖成砂土柱时,可直接将环刀压入或打入土中,深度根据要求确定。

4. 用电动取土器测试无机结合料细粒土和硬塑土密度的步骤

(1)装上所需规格的取芯头。在施工现场取芯前,选择一块平整的路段,将四只行走轮扳起,四根定位销钉采用人工加压的方法,压入路基土层中。松开锁紧手柄,旋动升降手轮,使取芯头刚好与土层接触,锁紧手柄。

(2)将蓄电池与调速器接通,调速器的输出端接入取芯机电源插口。指示灯亮,显示电路已通;启动开关,电动机带动取芯机构转动。根据土层含水率调节转速,操作升降手柄至需要的深度,上提取芯机构,停机,移开电动取土器。将取芯套筒套在切削好的土芯立柱上,摇动即可取出样品。

(3)取出样品,立即按取芯套筒长度用修土刀或钢丝锯修平两端,制成所需规格土芯,如拟进行其他试验项目,装入密封盒,送试验室备用。

(4)称量土芯带套筒质量 M_1,从土芯中心部分取试样测试含水率。

四、计算

(1)按式(4-9)、式(4-10)计算试样的湿密度及干密度。

$$\rho = \frac{4 \times (M_1 - M_2)}{\pi d^2 h} \tag{4-9}$$

$$\rho_d = \frac{\rho}{1 + 0.01w} \tag{4-10}$$

式中 ρ——试样的湿密度(g/cm^3);

ρ_d——试样的干密度(g/cm^3);

M_1——环刀或取芯套筒与试样合计质量(g);

M_2——环刀或取芯套筒质量(g);

d——环刀或取芯套筒直径(cm);

h——环刀或取芯套筒高度(cm);

w——试样的含水率(%)。

(2)按式(4-11)计算施工压实度。

$$K = \frac{\rho_d}{\rho_c} \times 100 \tag{4-11}$$

式中 K——测试地点的施工压实度(%);

ρ_d——试样的干密度(g/cm^3);

ρ_c——由击实试验得到材料的最大干密度(g/cm^3)。

(3)计算两次平行试验结果的差值,若不大于 $0.03\ g/cm^3$,取其算术平均值作为测试结果;若大于 $0.03\ g/cm^3$,则重新测试。

五、注意事项

(1)环刀两端土必须修平,不能有凹凸不平现象,以确保试样体积等于环刀体积。

(2)有条件的地区或项目,建议开展环刀法扰动系数的测试研究,确定环刀内扰动土体密度与试验土体密度比值,得到扰动系数以修正现场压实结果。

课题15 钻芯法测定沥青路面面层压实度

一、方法简介

本方法适用于测试从压实的沥青路面上钻取沥青混合料芯样的密度,并计算施工压实度,以评价结构层的压实质量。

二、仪具与材料技术要求

本方法需要下列仪具与材料:

(1)路面取芯钻机。

(2)天平:分度值不大于0.1 g。

(3)水槽:温度控制在±0.5 ℃以内。

(4)吊篮。

(5)石蜡。

(6)其他仪具与材料:卡尺、毛刷、取样袋(容器)、电风扇。

三、测试方法与步骤

1. 钻芯取样

(1)按照《公路路基路面现场测试规程》(JTG 3450—2019)T 0903的规定钻取路面芯样,芯样直径不宜小于100 mm。当一次钻芯取得的芯样包含不同层位的沥青混合料时,应根据结构组合情况用切割机将芯样沿各层结合面锯开分层进行测试。

(2)钻孔取样应在路面完全冷却后进行,对普通沥青路面通常在第二天取样,对改性沥青及SMA路面宜在第三天以后取样。

2. 测试试件密度

(1)将钻取的试件在水中用毛刷轻轻刷净黏附的粉尘。如试件边角有浮松颗粒,应仔细清除。

(2)将试件晾干或用电风扇吹干不少于24 h,直至恒重。

(3)按现行《公路工程沥青及沥青混合料试验规程》(JTG E20—2011)的沥青混合料试验

密度试验方法测定时间密度 ρ_s。通常情况下,采用表干法测定试件的毛体积相对密度;对吸水率大于2%的试件,宜采用蜡封法测定试件的毛体积相对密度;对吸水率小于0.5%特别致密的沥青混合料,在施工质量检验时,允许采用水中重法测定表观相对密度。

(4)根据《公路沥青路面施工技术规范》(JTG F40—2004)附录 E 的规定,确定计算压实度的标准密度。

四、计算

(1)当计算压实度的标准密度采用每天实验室实测的马歇尔击实试验密度或试验路段钻孔取样密度时,沥青面层的压实度按式(4-12)计算。

$$K=\frac{\rho_s}{\rho_0}\times 100 \tag{4-12}$$

式中　K——沥青面层某一测定部位的压实度(%);

　　　ρ_s——沥青混合料芯样试件的实测密度(g/cm^3);

　　　ρ_0——沥青混合料的标准密度(g/cm^3)。

(2)计算压实度的标准密度采用最大理论密度时,沥青面层的压实度按式(4-13)计算。

$$K=\frac{\rho_s}{\rho_t}\times 100 \tag{4-13}$$

式中　ρ_s——沥青混合料芯样试件的实际密度(g/cm^3);

　　　ρ_t——沥青混合料的最大理论密度(g/cm^3)。

(3)按《公路路基路面现场测试规程》(JTG 3450—2019)附录 B 的方法,计算一个评定路段检测的压实度的平均值、标准差、变异系数,并计算代表压实度。

五、注意事项

(1)钻取的芯样应写上桩号(或贴标签),并用塑料袋封好。

(2)若钻取的芯样包含不同结构层,应沿界面锯开,分层进行测试。

(3)对普通沥青路面通常在第二天取样,对改性沥青及 SMA 路面宜在第三天以后取样。

课题 16　压实度评定

一、压实度评定标准

由《公路工程质量检验评定标准 第一册 土建工程》(JTG F80/1—2017)可知,路基、路面压实度均为关键项目。压实度的合格率应不低于95%,且任一单个检测值不应突破规定极值,否则视为不合格。压实度检验评定标准要求见表4-2。

表 4-2 压实度检验评定标准

工程项目类别			高速公路、一级公路	其他公路		检查方法和频率
				二级公路	三、四级公路	
土方路基	上路床		0~0.3 m	≥96	≥95	≥94	按《公路工程质量检验评定标准 第一册 土建工程》(JTG F80/—2017)附录 B 检查；密度法；每200 m 每压实层测2处
	下路床	轻、中及重交通荷载等级	0.3~0.8 m	≥96	≥95	≥94	
		特重、极重交通荷载等级	0.3~1.2 m	≥96	≥95	—	
	上路堤	轻、中及重交通荷载等级	0.8~1.5 m	≥94	≥94	≥93	
		特重、极重交通荷载等级	1.2~1.9 m	≥94	≥94	—	
	下路堤	轻、中及重交通荷载等级	>1.5 m	≥93	≥92	≥90	
		特重、极重交通荷载等级	>1.9 m				
稳定土	基层		代表值	—	≥95		按《公路工程质量检验定标准 第一册 土建工程》(JTG F80/1—2017)附录 B 检查；每200 m 测2点
			极值	—	≥91		
	底基层		代表值	≥95	≥93		
			极值	≥91	≥89		
稳定粒料	基层		代表值	≥98	≥97		按《公路工程质量检验定标准 第一册 土建工程》(JTG F80/1—2017)附录 B 检查；每200 m 测2点
			极值	≥94	≥93		
	底基层		代表值	≥97	≥95		
			极值	≥92	≥91		
级配碎(砾)石	基层		代表值	≥98	≥98		按《公路工程质量检验定标准 第一册 土建工程》(JTG F80/1—2017)附录 B 检查；每200 m 测2点
			极值	≥94	≥94		
	底基层		代表值	≥96	≥96		
			极值	≥92	≥92		
沥青混凝土面层和沥青碎(砾)石面层				≥试验室标准密度的96%(*98%) ≥最大理论密度的92%(*94%) ≥试验段密度的98%(*99%)			按《公路工程质量检验评定标准 第一册 土建工程》(JTG F80/1—2017)附录B检查；每200 m 测1点

注：1. 土方路基压实度系按现行《公路土工试验规程》(JTG E40—2017)重型击实试验所得最大干密度求得的压实度。评定路段内压实度平均值下置信界限不得小于规定标准，单个测定值不得小于极值（表列规定值减5%）。按测定值不小于表列规定值减2%的测点占总检查点数的百分率计算合格率。

2. 特殊干旱、特殊潮湿地区或过湿土路基等，可按路基设计、施工规范所规定的压实度标准进行评定。

3. 三、四级公路铺筑沥青混凝土或水泥混凝土路面时路基压实度应采用二级公路标准。

4. 沥青混凝土面层和沥青碎(砾)石面层压实度，高速公路、一级公路应选用2个标准评定，以合格率低的作为评定结果；其他公路选用1个标准进行评定。带*号者是指SMA路面

二、压实度评定方法

路基、路面压实度应以1~3 km 长的路段为检验评定单位，按要求的检测频率进行现

场压实度抽样检查,求算每一测点的压实度 K_i。

检验评定段的压实度代表值 K(算术平均值的下置信界限)为

$$K=\bar{k}-t_a S \sqrt{n} \geqslant K_0 \tag{4-14}$$

式中 $\bar{k}$——检验评定段内各测点压实度的平均值;

t_a——t 分布表中随测点数和保证率(或置信度 α)而变的系数;采用的保证率,高速公路、一级公路:基层、底基层为 99%,路基、路面面层为 95%;其他公路:基层、底基层为 95%,路基、路面面层为 90%;

S——检测值的标准差;

n——检测点数;

K_0——压实度标准值。

路基、基层和底基层:$K \geqslant K_0$,且单点压实度 K_i 全部大于或等于规定值减 2% 时,评定路段的压实度合格率为 100%;当 $K \geqslant K_0$,且单点压实度 K_i 全部大于或等于规定极值时,按测定值不低于规定值减 2% 的测点数计算合格率。

$K < K_0$ 或某一单点压实度 K_i 小于规定极值时,该评定路段压实度为不合格,相应分项工程评为不合格。

路基施工段落短时,分层压实度应全部符合要求,且样本数不应小于 6 个。

沥青面层:当 $K \geqslant K_0$,且全部测点大于或等于规定值减 1% 时,评定路段的压实度合格率为 100%;当 $K \geqslant K_0$ 时,按测定值不低于规定值减 1% 的测点数计算合格率。

当 $K < K_0$ 时,评定路段的压实度为不合格,相应分项工程评为不合格。

单元小结

1. 压实度是施工质量管理最为重要的指标之一。压实度的大小取决于实测的压实密度,同样与标准密度的大小有关。对于路基土及路面基层,压实度是指工地实际达到的干密度与室内标准击实试验所得的最大干密度的比值;对于沥青路面,压实度是指现场实际达到的密度与室内标准密度的比值。

2. 路基路面现场测定压实度常用的方法主要有挖坑灌砂法、环刀法和钻芯法三种。

(1)挖坑灌砂法是利用均匀颗粒的砂去置换试坑的体积,确定标准量砂的松方密度;然后在现场选定试验地点,按照规范挖取试坑,称取量砂灌入试坑,用量砂体积置换试坑体积,计算测点的湿密度和干密度,并根据击实试验确定的最大干密度计算得出该点的压实度。

(2)环刀法测定压实度,首先在现场选取位置相邻的两处作为平行试验的测点,用取土器取样,根据取出试验的质量和环刀体积计算试验的湿密度,测定试验的含水率并计算干密度,最后根据击实试验确定的最大干密度计算得出该点的压实度。

(3)钻芯法适用于测试从压实的沥青路面上钻取沥青混合料芯样的密度,计算施工压实度,以评价结构层的压实质量。用钻芯机在路面选点钻取芯样,按规范要求测定试件的表观密度或毛体积密度,根据选取的标准密度计算压实度。

3. 压实度评定时,需要计算平均值、标准差、变异系数及代表值,并计算合格率,以评定工程质量。

思考与习题

1. 路基路面现场密度检测方法有哪几种?各方法的适用范围是什么?
2. 简述灌砂法试验的基本原理及现场测试要点。
3. 简述灌砂法室内标定量砂密度的试验方法及步骤。
4. 采用挖坑灌砂法测定压实度时,为什么现场试洞深度应尽量与室内标定罐深度一致?
5. 简述环刀法测定压实度的基本原理。
6. 环刀法测定压实度的检测仪器有哪些?简述其试验步骤。
7. 简述钻芯法测定沥青路面面层压实度的步骤。
8. 钻芯法中测定试件密度的方法如何选取?
9. 某高速公路水泥稳定碎石基层施工过程中,对基层压实质量进行检查时,压实度检测结果见表4-3。对该路段进行质量评定,并计算该路段合格率。

表4-3 压实度检测结果

序号	1	2	3	4	5	6	7	8	9	10
压实度/%	98.8	99.3	98.5	98.4	99.1	99.0	98.9	98.7	99.3	98.5
序号	11	12	13	14	15	16	17	18	19	20
压实度/%	95.4	98.9	99.1	96.7	99.5	98.3	98.6	98.5	99.0	98.6

单元 5　路基路面平整度检测

课题 17　路面平整度概述

某高速公路路基施工完毕后需测试平整度，应使用什么仪器设备？路面施工完毕后测试平整度，又应使用什么仪器设备？如何检测？如何评定？二级公路检测如何实施？

课件：路基路面平整度检测

平整度是评价路面施工质量和服务水平的一个重要指标。它是指道路表面相对于理想平面的竖向偏差。路表的平整度与其下各结构层的平整状况有一定的联系，即各结构层的平整效果将累积反映到路面表层上来。路面表层的不平整会增大行车阻力，使车辆产生附加振动，造成行车颠簸，影响乘客的舒适性。同时，振动作用还会对路面施加额外的冲击力，从而加剧路面和汽车机件损坏和轮胎磨损，增加油耗。而且，不平整的路面表层会积滞雨水，不仅加速路面损坏，也给行车带来安全隐患。因此，平整度是路况评价的一项重要参数。

平整度的测试设备大致可分为断面类和反映类两大类。断面类通过测量路面表层凹凸情况来反映平整度，如 3 m 直尺、连续式平整度仪及激光平整度仪等；反映类通过测定路面凹凸引起车辆的颠簸振动来反映平整度状况，如颠簸累积仪等。平整度的测量受各种因素的影响，使得不同类型测试设备的评价指标存在一定差异，如何将各种仪器测量的数据转换成统一标准的数据是急需解决的问题。为此，国际平整度指数 IRI 被提出，它是国际道路平整度试验的产物。1982 年，来自巴西、英国、美国及比利时的研究团体在巴西利亚进行大规模试验、研究。在多种状况下，使用不同仪器、方法在多种类型道路上进行平整度测试的控制方法。最终选用 IRI 作为平整度的评价指标，因为它最大限度地满足了时间稳定性、空间稳定性及相关性的标准。

课题 18　3 m 直尺测定平整度

一、方法简介

检测路面表层的平整度。以最大间隙表示路基路面的平整度，以"mm"计。本法适用于测定压实成型的路面各层表面的平整度，以评定路面的施工质量及使用质量，也可用于路基表面成型后的施工平整度检测。

二、仪器设备

本试验需要下列仪具与材料：

(1)3 m 直尺：测量基准面长度为 3 m，基准面应平直，用硬木或铝合金钢等材料制成。

(2)最大间隙测量器具。

1)楔形塞尺：木或金属制的三角形塞尺，有手柄。塞尺的长度与高度之比不小于 10，宽度不大于 15 mm，边部有高度标记，分度值不大于 0.5 mm。

2)深度尺：金属制的深度测量尺，有手柄。深度尺测量杆端头直径不小于 10 mm。

(3)其他仪具与材料：皮尺或钢尺等。

三、检测过程

1. 准备工作

(1)确定测试方式。当测试沥青路面施工过程中的质量时，应以单尺方式测试，且测试位置应选在接缝处；其他情况一般以连续 10 尺方式测试。

(2)选择测试位置。除特殊需要者外，应以行车道一侧车轮轮迹(距离车道线 0.8～1.0 m)作为连续测试的位置。对既有道路已形成车辙的路面，应取车辙中间位置为测试位置。

(3)清扫路面测试位置处的碎石、杂物等。

2. 测试步骤

(1)将 3 m 直尺沿道路纵向摆在测试位置的路面上。

(2)目测 3 m 直尺底面与路表面之间的间隙情况，确定最大间隙的位置。

(3)将具有高度标线的塞尺塞进间隙处，测试其最大间隙的高度；或者用深度尺在最大间隙位置测试直尺上顶面距离地面的深度，该深度减去尺高即测试点的最大间隙的高度，以"mm"计，准确至 0.5 mm。

沥青路面平整度现场检测如图 5-1 所示。

图 5-1　沥青路面平整度现场检测

四、结果处理

测试路面的平整度计算,以 3 m 直尺与路面的最大间隙(δ_m)为测试结果;连续测试 10 尺时,判断每尺最大间隙(δ_m)是否合格,并计算合格率,以及 10 个最大间隙的平均值。

课题 19 连续式平整度仪测定平整度

一、方法简介

本方法适用于连续式平整度仪测试路面纵向相对高程的标准差(σ),用以表征路面的平整度。本方法不适用于在已有较多坑槽、破损严重的路面上测试。

二、仪器设备

(1)连续式平整度仪。

①整体结构:连续式平整度仪构造如图 5-2 所示,除特殊情况外,连续式平整度仪的标准长度为 3 m,其质量应符合仪器标准的要求;中间为一个 3 m 长的机架,机架可缩短或折叠,前后各 4 个行走轮,前后两组轮的轴间距离为 3 m。

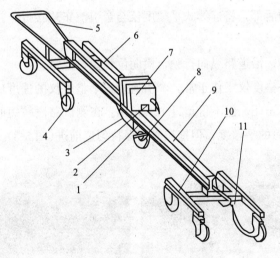

图 5-2 连续式平整度仪构造

1—测量架;2—离合器;3—拉簧;4—脚轮;5—牵引架;
6—前架;7—记录计;8—测定轮;9—纵梁;10—后架;11—软轴

②地面高差测量传感器:安装在机架中间,可以是能起落的测定轮,或激光测距仪。

③其他辅助机构:连续式平整度仪的辅助机构有蓄电池电源,距离传感器,与数据采集、处理、存储、输出部分配套的采集控制箱及计算机、打印机等。

④测试间距为100 mm,每一计算区间的长度为100 m并输出一次结果。

⑤可记录测试长度(m)、曲线振幅大于某一定值(如3 mm、5 mm、8 mm、10 mm等)的次数、曲线振幅的单向(凸起或凹下)累计值及以3 m机架为基准的中点路面偏差曲线图,并计算打印。

⑥机架装有一牵引钩及手拉柄,可用人力或汽车牵引。

(2)牵引车：小面包车或其他小型牵引汽车。

(3)皮尺或测绳。

三、检测过程

1. 准备工作

(1)当为施工过程中质量控制需要时,测试地点根据需要决定；当进行路面工程质量检查验收或路况评定时,通常以行车道一侧车轮轮迹带作为连续测试的标准位置；对已形成车辙的路面,取一侧车辙中间位置为测点位置。

(2)清扫路面测试位置处的碎石、杂物等。

(3)检查仪器测试箱各部分应完好、灵敏,测定轮胎压正常,并将各连接线接妥,安装记录设备。

2. 测试步骤

(1)将连续式平整度仪置于测试路段路面起点上,以保证测定轮位置在轮迹带范围内。

(2)在牵引汽车的后部,将连续式平整度仪与牵引汽车连接好,按照要求依次完成各项操作。

(3)启动牵引汽车,沿道路纵向行驶,横向位置保持稳定。

(4)确认连续式平整度仪工作正常。牵引连续式平整度仪的速度应保持匀速且沿车道方向行驶,速度宜为5 km/h,但不得超过12 km/h。在测试路段较短时,也可用人力拖拉连续式平整度仪测试路面的平整度,但拖拉时应保持匀速前进(图5-3)。

图5-3 路面面层平整度检测

四、结果处理

以 100 m 长度为一个计算区间,按式(5-1)计算该区间内采集的位移值(d_i)的标准差 σ_i,即该区间的平整度,以"mm"计,保留一位小数。

$$\sigma_i = \sqrt{\frac{\sum d_i^2 - (\sum d_i)^2/N}{N-1}} \tag{5-1}$$

式中 σ_i——各计算区间的平整度计算值(mm);

d_i——以 100 m 为一个计算区间,每隔一定距离(自动采集间距为 10 cm,人工采集间距为 1.5 m)采集的路面凹凸偏差位移值(mm);

N——计算区间用于计算标准差的测试数据个数。

课题 20 手推式断面仪测定平整度

一、方法简介

本方法适用于手推式断面仪测量路面国际平整度指数(IRI),以表征路面平整。本方法适用于无积水、无积雪、无泥浆的正常通车条件下路面的平整度测试。

二、仪器设备

(1)手推式断面仪。手推式断面仪由传感器、数据采集与处理系统、测定梁、距离测定轮、测脚、车架系统等基本部分组成,其技术要求如下:

①最大测试速度:0.8 km/h;

②采样间隔:≤25.4 mm;

③距离标定误差:≤0.1%;

④高度测量精度:±0.1 mm;

⑤断面精度:±0.381 mm;

⑥最大测量纵向坡度:9.5°。

(2)其他设备:皮尺或钢卷尺、粉笔、扫帚等。

三、检测过程

1. 准备工作

(1)清扫待测路面,检查机械部件有无松动或损坏,检查测脚有无损坏、黏附物等。

(2)将各种数据线连接后,打开电源,按要求进行预热。

(3)检查电池蓄电情况,确保测试期间电量充足。

(4)使用前应按要求完成系统标定,且宜选择温度变化幅度较小的时段进行测试。

2. 测试步骤

(1)在待测路面上沿行车迹线附近标记起点的位置。

(2)将设备停放在测量路段起点,启动程序,设置所需的测试状态,开始采集数据。

(3)测试人员将手推式断面仪按规定速度沿直线向前匀速推行,并保证两测脚落脚点都在测线上,不要在手柄上施加垂直力。中途如需临时停止,需将测定梁提起到最高点后锁定测定轮。到达测试终点时,在测定梁处于提起状态时,锁住测定轮。

(4)保存数据,关闭电源。

四、结果处理

根据路面纵断面相对高程数据,以"100 m"为计算区间长度,用 IRI 的标准计算程序计算国际平整度指数(IRI)值,以"m/km"计,保留 2 位小数。

▶ 单元小结

本单元讲述了三种测试平整度的检测方法,对 3 m 直尺测定平整度、连续式平整度仪测定平整度、手推式断面仪测定平整度三种试验方法做了详细的介绍。

▶ 思考与习题

1. 什么是国际平整度指数?

2. 在沥青路面施工中,通过降低压实温度和减少压实遍数来提高平整度的做法是否可取?为什么?

单元 6　路面抗滑性能检测

课题 21　路面抗滑性能概述

路面抗滑性能是路面的表面安全技术性能,是指车辆轮胎受到制动时,路面防止轮胎滑移的能力。影响抗滑性能的因素主要有路面表面特性、路面潮湿程度和行车速度。路面抗滑性能一般用轮胎与路面之间的摩擦系数(如摆值、制动系数、横向力系数等)和表面宏观构造深度来表示。摩擦系数直接表征了道路表面抗滑性能水平的高低;路表构造深度体现的是当道路表面有水存在时,路面防止车辆高速行驶情况下摩擦系数下降的能力。抗滑性能测试可采用的方法很多,目前常用的有铺砂法,激光构造深度仪,摆式仪法,单、双轮式横向力系数测试仪法等(表 6-1)。

课件:路面抗滑性能检测

表 6-1　常见抗滑性能检测方法

测试方法	测试指标	原理	特点及适用范围
制动距离法	摩擦系数 F	以一定速度在潮湿路面上行驶的四轮小客车或轻货车,当各车轮被制动时,测试从车辆减速滑移到停止的距离,运用动力学原理,算出摩擦系数	测试速度快,结果直观
摆式仪法	摆值 BPN	在摆式仪的摆锤底面装一个橡胶滑块,当摆锤从一定高度自由下摆时,滑动面同试验表面接触。由于两者之间的摩擦而损耗部分能量,故摆锤只能回摆到低于起始位置的高度。表面摩擦阻力越大,回摆高度越小,摆值越大	定点测量,原理简单易懂,操作方便,测试效率较低。其适用于沥青路面及水泥混凝土路面的抗滑性能测试
铺砂法	构造深度 TD	将已知体积的砂,摊铺在所要测试路表的测点上,以表面不留浮砂为原则,量取摊平覆盖的面积。砂的体积与所覆盖平均面积的比值,即构造深度	定点测量,原理简单,设备成本低;测试效率低,受人为因素影响大。其适用于沥青路面及水泥混凝土路面的抗滑性能测试

续表

测试方法	测试指标	原理	特点及适用范围
激光构造深度仪	构造深度 TD	采用激光测距的基本原理,以较高的采样频率,按一定的计算模型计算路面构造深度	测试效率高,设备成本较高。其适用于测试干燥的沥青路面构造深度,不适用于较多坑槽、显著不平整或裂缝过多的路段
单、双轮式横向力系数测试仪法	横向力系数 SFC	标准测试轮胎以与行车方向一定角度连续行驶在潮湿路面上,轮胎受到的侧向摩擦阻力与轮胎的载重比值即横向系数	测试效率高,设备成本高。其适用于沥青路面及水泥混凝土路面的抗滑性能测试
动态旋转摩擦系数测试仪法	摩擦系数 F	测试仪转盘下方安装有三个橡胶滑块,并配有洒水装置,用于潮湿测试表面。测试时,当转盘加速到一定转速后被放到测试表面,使橡胶滑块与测试表面接触。在摩擦力的作用下转盘被减速,在此过程中测出滑块所产生的力矩,并由此计算出摩擦系数	定点测量,可以一次测试出不同速度下的摩擦系数。其常用于科学研究,较少用于大规模工程检测

课题22 手工铺砂法测定路面构造深度

一、方法简介

本方法适用于测定沥青路面及无刻槽水泥混凝土路面表面构造深度,用以评定路面抗滑性能。

二、仪器设备

本试验需要下列仪具与材料:

(1)手工铺砂仪:由量砂筒、推平板组成。量砂筒一端是封闭的,容积为(25±0.15) mL,可通过称量砂筒中水的质量以确定其容积 V,并调整其高度,使其容积符合规定要求。附专用的刮尺将筒口量砂刮平。推平板应为木制或铝制,直径 50 mm,底面粘一层厚 1.5 mm 的橡胶片,上面有一个圆柱把手。

(2)量砂:足够数量的干燥洁净的匀质砂,粒径为 0.15~0.30 mm。

(3)量尺:钢板尺或专用构造深度尺。

(4)其他仪具与材料:装砂容器(小铲)、扫帚或毛刷、挡风板等。

三、现场检测

1. 试验准备

(1)量砂准备：取洁净的细砂，晾干过筛，取 0.15～0.3 mm 的砂置适当的容器中备用。试验时，量砂只能使用一次，不得重复使用。

(2)按课题 8 规定的方法选取路段测点横断面位置。同时，测点应选在车道的轮迹带位置，且距离路面边缘不得小于 1 m。

2. 测试步骤

(1)用扫帚或毛刷将测点附近的路面清扫干净，面积不小于 30 cm×30 cm。

(2)用小铲向圆筒中缓缓注入准备好的量砂至高出量筒成尖顶状，手提圆筒上部，用钢尺轻轻叩打圆筒中部 3 次，并用刮尺边沿筒口一次刮平。

(3)将砂倒在路面上，用推平板由里向外重复做摊铺运动，稍稍用力将砂向外均匀摊开，使砂填入路表面的空隙，尽可能将砂摊成圆形，并不得在表面上留有浮动余砂。应注意，摊铺时不可用力过大或向外推挤。

(4)用钢板尺测量所构成圆的两个垂直方向的直径，取其平均值，精确至 1 mm。也可用专用尺直接测量构造深度。

(5)按以上方法，同一处平行测试不少于 3 次，3 个测点均位于轮迹带上，测点间距为(3～5) m。对同一处测试应该由同一个试验员进行测试。该处的测试位置以中间测点的位置表示。

构造深度现场检测过程如图 6-1 所示。

图 6-1 构造深度现场检测过程图

四、结果处理

路面表面构造深度测定结果按式(6-1)计算：

$$TD = \frac{1\,000V}{\pi D^2/4} = \frac{31\,831}{D^2} \tag{6-1}$$

式中　TD——路面表面构造深度(mm)；

　　　V——砂的体积(25 cm^3)；

　　　D——摊平砂的平均直径(mm)。

每一处均取 3 次路面构造深度的测定结果的平均值作为试验结果，精确至 0.01 mm。当平均值小于 0.2 mm 时，试验结果以"<0.2 mm"表示。

列表逐点报告路面构造深度的测定值及 3 次测定的平均值，当平均值小于 0.2 mm 时，试验结果以"<0.2 mm"表示。

课题 23　摆式仪测定路面摩擦系数

一、方法简介

本方法适用于以指针式摆式仪测试无刻槽水泥路面和沥青路面的摆式摩擦系数值 BPN。

二、仪器设备

(1)指针式摆式仪：测试时由人工通过指针在度盘上直接读值，摆值最小刻度为 2。摆及摆的连接部分总质量为 1 500 g±30 g，摆动中心至摆的重心距离为 410 mm±5 mm，测定时摆在路面上的滑动长度为 126 mm±1 mm，摆上橡胶片端部距摆动中心的距离为 510 mm，橡胶片对路面的正向静压力为 22.2 N±0.5 N。

(2)橡胶片：当用于测定路面抗滑时，其尺寸为 6.35 mm×25.4 mm×76.2 mm。橡胶物理性质应符合表 6-2 的要求。当橡胶片使用后，端部在长度方向上磨耗超过 1.6 mm 或边缘在宽度方向上磨耗超过 3.2 mm，或有油类污染时，即应更换新橡胶片。新橡胶片应先在干燥路面上测试 10 次后再用于测试。橡胶片的有效使用期从出厂日期起算为 12 个月。

(3)滑动长度量尺：长为 126 mm。

(4)喷水壶。

(5)硬毛刷。

(6)路面温度计：分度不大于 1 ℃。

(7)其他设备：毛刷或扫帚、记录表格等。

表 6-2　橡胶物理性质技术要求

性质指标	温度/℃				
	0	10	20	30	40
弹性/%	43～49	58～65	66～73	71～77	74～79
硬度/HD	55±5				

三、现场检测

1. 准备工作

(1)检查摆式仪的调零灵敏情况,并定期进行仪器的标定。

(2)按课题8的方法选择测试位置,每个测试位置布设3个测点,测点间距离为3~5 m,以中心测点的位置表示该测试位置。测试位置应选在车道横断面上轮迹处,且距离路面边缘不应小于1 m。

2. 测试步骤

(1)清洁路面:用扫帚或其他工具将测点处的路面打扫干净。

(2)仪器调平。

①将仪器置于路面测点上,并使摆的摆动方向与行车方向一致。

②转动底座上的调平螺栓,使水准泡居中。

(3)指针调零。

①放松紧固旋钮,转动升降旋钮,使摆升高并能自由摆动,然后旋紧紧固旋钮。

②将摆固定在右侧悬臂上,使摆处于水平位置,并将指针拨至右端与摆杆贴紧。

③右手按下释放开关,使摆向左带动指针摆动,当摆达到最高位置后开始下落时,用左手将摆杆接住,此时指针应指零。

④指针若不指零,通过转动松紧调节螺母进行调整后,重复①~③的步骤,直至指针指零,调零允许误差为±1。

(4)校核滑动长度。

①让摆处于自然下垂状态,松开固定旋钮,转动升降旋钮使摆下降,并提起举升柄使摆向左侧移动,然后放下举升柄使橡胶片长边下缘轻轻触地,在边侧紧靠橡胶片摆放滑动长度量尺,使量尺左端对准橡胶片触地下缘;再提起举升柄使摆向右侧移动,然后放下举升柄使橡胶片下缘轻轻触地,检查橡胶片下缘是否与滑动长度量尺的右端齐平。若齐平,则说明橡胶片两次触地的距离(滑动长度)符合126 mm±1 mm的要求。左右两次橡胶片长边边缘应以刚刚接触路面为准,不可借摆的力量向前滑动,以免标定的滑动长度与实际不符。

②若橡胶片两次触地与量尺两端不齐平,可通过升高或降低摆或仪器底座的高度进行调整。微调时,也可用旋转仪器底座上的调平螺钉调整仪器底座高度的方法,但需注意保持水准泡居中。

③重复①~②的步骤,直至滑动长度符合126 mm±1 mm的要求。

(5)将摆固定在右侧悬臂上,使摆处于水平位置,并将指针拨至右端,靠紧摆杆。

(6)用喷水壶浇洒测点处路面,使之处于湿润状态。

(7)按下右侧悬臂上的释放开关,使摆在路面滑过,当摆杆回落时,用手接住摆杆并读数,但不做记录(图6-2)。

(8)按照(5)~(7),重复该操作5次,读记每次测试的摆值。5个摆值中最大值与最小值的差值不得大于3。如差值大于3,应重复上述各项操作,至符合规定。

(9)在测点位置用温度计测记潮湿路表温度,准确至1℃。

(10)重复(1)~(9)的步骤,完成一个测试位置3个测点的摆值测试。

图6-2 摩擦系数现场检测图

四、结果处理

(1)计算每个测点5个摆值的平均值作为该测点的摆值 BPN_t,取整数。

(2)抗滑值的温度修正。当路面温度为 t(℃)时,测得的摆值为 BPN_t 必须按式(6-2)换算成标准温度20℃的摆值 BPN_{20}。

$$BPN_{20} = BPN_t + \Delta BPN \tag{6-2}$$

式中 BPN_{20}——换算成标准温度20℃时的摆值;

BPN_t——路面温度 t 时测得的摆值;

ΔBPN——温度修正值,按表6-3采用。

表6-3 温度修正值

温度/℃	0	5	10	15	20	25	30	35	40
温度修正值 ΔBPN	−6	−4	−3	−1	0	+2	+3	+5	+7

(3)计算每个测试位置3个测点摆值的平均值作为该测试位置的摆值,取整数。

(4)计算一个测试路段摆值的平均值、标准差、变异系数。

> 单元小结

路面的抗滑性能主要与路面的宏观构造深度、集料的微观构造深度相关。本单元介绍的各种方法主要是反映了基于这两类构造深度表征指标的检测方法。

> 思考与习题

1. 简述手工铺砂法测定路面构造深度的测试步骤。
2. 简述摆式仪测定路面抗滑值的试验方法。
3. 影响路面抗滑性能的因素有哪些?

单元7 路基路面强度指标检测

路基路面强度表征的是路基路面结构物抵抗变形的能力。其中，路面直接承受车辆荷载，路基承受由路面传递的行车荷载，路基路面强度即用于衡量两者在荷载作用下保持形状不变的综合能力。

课件：路基路面强度指标检测

课题24 贝克曼梁测定路基路面回弹弯沉

弯沉检测是路基路面检测工作中最常见的指标，贝克曼梁法适用于测定各类路基路面的回弹弯沉，用以评定其整体承载能力，并可供路面结构设计使用。

沥青路面的弯沉检测以沥青层平均温度20 ℃时为准，当路面平均温度在20 ℃±2 ℃内可不修正，在其他温度测定时，对沥青层厚度大于5 cm的沥青路面，弯沉值应予温度修正。

一、方法简介

1. 测试原理

贝克曼梁法采用的是杠杆原理，采用百分表测量杠杆一端抬升的位移，以计算杠杆另一端(车轮下方，即最大荷载作用点)因汽车荷载导致路基路面压缩的变形量。

本试验通过控制车辆的轴载类型、轴重、轮胎类型、气压、接地面积等，固定标准轴载，通过测量标准轴载作用下的路基路面变形大小，以评价路基路面的强度。

2. 仪器设备

本试验需要下列仪具与材料：

(1)贝克曼梁：由合金铝制成，上有水准泡，其前臂与后臂长度比为2∶1。贝克曼梁按长度分为5.4 m(3.6 m+1.8 m)梁和3.6 m(2.4 m+1.2 m)梁两种。长度为5.4 m的贝克曼梁适用于各种类型的路面结构回弹弯沉的测试；长度为3.6 m的贝克曼梁适用于柔性基层沥青面回弹弯沉的测试。

(2)加载车：单后轴、单侧双轮组的载重车，双轮轮隙应能满足自由插入贝克曼梁测头的要求，轴载、轮胎气压等技术参数应符合表7-1的要求。

(3)百分表及表架。

(4)路表温度计：分辨力不大于1 ℃。

(5)其他：钢直尺等。

表 7-1 加载参数要求

后轴标准轴载 P/kN	100 ± 1
单侧双轮荷载/kN	50 ± 0.5
轮胎气压/MPa	0.70 ± 0.05
单轮传压面当量圆面积/mm²	$(3.56\pm0.2)\times10^4$

二、检测步骤

1. 准备工作

(1)人员分工。按表 7-2 配备检测人员，要求做好技术交底、安全交底。

表 7-2 贝克曼梁检测路基路面回弹弯沉人员配置

分组	人数/名	分工	注意事项
驾驶员	1	驾驶加载车，按照指挥员要求进行启停	缓慢操作、安全作业
架梁人员	4	按照试验要求架设贝克曼梁	将贝克曼梁前端放置到位
读数员	2	放置、调试百分表，读取检测数据	把握读数时间点
指挥员	1	指挥车辆启停，兼顾安全提醒	—
记录员	1	按规范要求，记录检测数据	—
安全员	1~2	负责现场安全保障	

(2)场地及设备。按表 7-3 做好场地及设备准备工作。

表 7-3 贝克曼梁检测路基路面回弹弯沉场地及设备准备工作

项目	准备工作	备注
试验场地	试验场地应平整、干净，无松散碎石、浮沙	—
加载车	装载货物至指定后轴重，并过磅，测气压、接地面积	保存正式的磅单
其他设备	提前检查确认性能	—
试验环境	当在沥青路面上测试时，通过气象台了解前 5 d 的平均气温(日最高气温与日最低气温的平均值)	

2. 测试步骤

(1)将加载车停放在测试路段的测试位置,后轮一般应置于道路行车轮迹带上。将贝克曼梁插入加载车后轮轮隙处,与加载车行车方向一致,梁臂不得接触轮胎。贝克曼梁测头置于轮隙中心前方(30～50) mm 处测点上。用路表温度计测量并记录测点附近的路表温度。可采用两台贝克曼梁对双侧轮迹同时进行回弹弯沉测试。

(2)将百分表安装在表架上,并将百分表的测头安放在贝克曼梁的测定杆顶面。轻轻叩击贝克曼梁,确保百分表正常归位。

(3)指挥加载车缓缓前进,速度一般为 5 km/h 左右,百分表示值随路面变形持续增加。当示值最大时,迅速读取初读数 L_1。加载车仍继续前进,示值开始反向变化,待加载车驶出弯沉影响范围(约 3 m 以上),百分表示值稳定后,读取终读数 L_2。

(4)指挥加载车沿轮迹带前行,驶向下一测试位置,重复(1)～(3)的步骤,完成测试路段的回弹弯沉测试。

三、数据处理与修正

1. 单点弯沉值的初步计算

按照本试验的检测原理,测点的回弹弯沉值应按式(7-1)计算。

$$l_t = (L_1 - L_2) \times 2 \tag{7-1}$$

式中 l_t——在沥青面层平均温度 t 时的回弹弯沉值(0.01 mm);

L_1——车轮中心临近弯沉仪测头时百分表的最大读数(0.01 mm);

L_2——加载车驶出弯沉影响半径后待百分表稳定后的终读数(0.01 mm)。

另外,为进一步剔除试验设备及试验检测环境对试验结果的影响,相关专家在设计试验时,重点针对弯沉仪长度、试验温度等情形设计了弯沉值的修正模型。

2. 弯沉仪支点变形修正

当采用长度为 3.6 m 的弯沉仪对半刚性基层沥青路面、水泥混凝土路面等进行弯沉测定时,有可能引起弯沉仪支座处变形。因此,测定时应检验支点有无变形。当采用长度为 5.4 m 的弯沉仪测定时,可不进行支点变形修正。

此时,应用另一台检验用的弯沉仪安装在测定用弯沉仪的后方,其测点架于测定用弯沉仪的支点旁。当汽车开出时,同时测定两台弯沉仪的弯沉读数,如检验用弯沉仪百分表有读数,即应该记录并进行支点变形修正。

当在同一结构层上测定时,可在不同位置测定 5 次,求取平均值,以后每次测定时以此作为修正值。

当需进行弯沉仪支点变形修正时,路面测点回弹弯沉值按式(7-2)计算。

$$l_t = (L_1 - L_2) \times 2 + (L_3 - L_4) \times 6 \tag{7-2}$$

式中 L_1——车轮中心临近弯沉仪测头时测定用弯沉仪的最大读数(0.01 mm);

L_2——加载车驶出弯沉影响半径后测定待百分表稳定后的终读数(0.01 mm);

L_3——加载车中心临近贝克曼梁测头时检验用贝克曼梁的最大读数(0.01 mm);

L_4——加载车驶出弯沉影响半径后检验用贝克曼梁的终读数(0.01 mm)。

注：式(24-2)适用于测定贝克曼梁支座处有变形,但百分表架处路面已无变形的情况。

3. 沥青路面弯沉温度修正

沥青路面的回弹弯沉受温度变化影响较大,为保证回弹弯沉值的可比性,现场测试的沥青路面回弹弯沉值以沥青面层平均温度 20 ℃为准。当测试对象为沥青混凝土路面时,且沥青面层厚度大于 5 cm 时,回弹弯沉应进行温度修正,温度修正及回弹弯沉的计算宜按下列步骤进行。

(1)测定时的沥青层平均温度按式(7-3)计算。

$$t = (t_{25} + t_m + t_e)/3 \qquad (7-3)$$

式中 t——测定时沥青层平均温度(℃);

t_{25}——根据 t_0 由图 7-1 决定的路表下 25 mm 处的温度(℃);

t_m——根据 t_0 由图 7-1 决定的沥青层中间深度的温度(℃);

t_e——根据 t_0 由图 7-1 决定的沥青层底面处的温度(℃)。

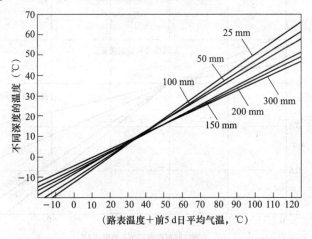

图 7-1 沥青层平均温度的决定

注：线上的数字表示从路表向下的不同深度

(2)当沥青面层平均温度在(20±2)℃时,温度修正系数 $K=1$。根据沥青层平均温度 t 及沥青面层厚度,分别根据图 7-2 和图 7-3 求取不同基层的沥青路面弯沉值的温度修正系数 K。

(3)沥青路面回弹弯沉按式(7-4)计算。

$$l_{20} = l_t \times K \qquad (7-4)$$

式中 K——温度修正系数;

l_{20}——修正后的沥青路面回弹弯沉值(0.01 mm);

l_t——沥青面层的平均温度为 t 时测定的回弹弯沉值(0.01 mm)。

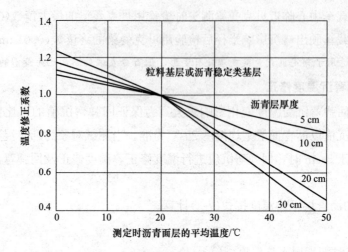

图 7-2　路面弯沉温度修正系数曲线

（适用于粒料基层及沥青稳定基层）

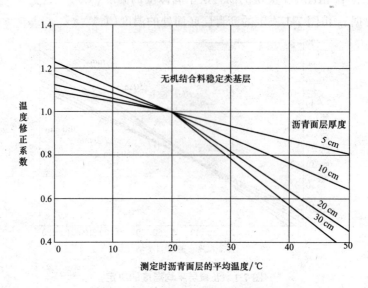

图 7-3　路面弯沉温度修正系数曲线

（适用于无机结合料稳定的半刚性基层）

4. 弯沉代表值计算

按式(7-5)计算每一个评定路段的代表弯沉：

$$L_t = L + Z_a S \tag{7-5}$$

式中　L_t——一个评定路段的代表弯沉(0.01 mm)；

　　　L——评定路段内经各项修正后的各测点弯沉的平均值(0.01 mm)；

　　　S——评定路段内经各项修正后的全部测点弯沉的标准差(0.01 mm)；

　　　Z_a——与保证率有关的系数，采用下列数值：

(1)高速公路、一级公路 $Z_a = 2.0$；

(2)二级公路 $Z_a=1.645$；

(3)二级以下公路 $Z_a=1.5$。

四、报告要求

弯沉检测报告应涵盖以下技术内容：
(1)测试路段信息(桩号、路面结构层材料类型及设计厚度等)。
(2)沥青面层平均温度、温度修正系数、回弹弯沉值。
(3)测试路段的回弹弯沉平均值、标准差及代表值。

课题 25　承载板测定土基回弹模量

模量是指材料在受力状态下应力与应变之比。回弹模量是建筑专业术语，回弹模量是指路基、路面及筑路材料在荷载作用下产生的应力与其相应的回弹应变的比值。土基回弹模量表示土基在弹性变形阶段内，在垂直荷载作用下，抵抗竖向变形的能力，如果垂直荷载为定值，土基回弹模量值越大则产生的垂直位移就越小；如果竖向位移是定值，土基回弹模量值越大，则土基承受外荷载作用的能力就越大。因此，路面设计中采用回弹模量作为土基抗压强度的指标。土基回弹模量作为路面结构设计中一个重要的参数，能否选用合乎实际的土基回弹模量直接关系到路面结构的安全性和经济性。

一、方法简介

1. 测试原理

本方法适用于在现场土基表面，通过用承载板对土基逐级加载、卸载的方法，测出每级荷载下相应的土基回弹变形值，经过计算求得土基回弹模量。

2. 仪器设备

本试验需要下列仪具与材料。

(1)反力装置：载有铁块或集料等重物、后轴重不小于 60 kN 的载重汽车一辆，作为加载设备。在汽车大梁的后轴之后约 80 cm 处，附设一根加劲横梁作反力架。汽车轮胎充气压力为 0.50 MPa。

(2)荷载装置，由千斤顶、测力计(测力环或压力表)及球座组成。

(3)刚性承载板一块，板厚 20 mm，直径为 30 cm，直径两端设有立柱和可以调整高度的支座，供安放贝克曼梁测头，承载板安放在土基表面上。

(4)贝克曼梁、百分表及其支架 2 套。

(5)液压千斤顶一台，80~100 kN，装有经过标定的压力表或测力环，其容量不小于土基强度，测定精度不小于测力计量程的 1%。

(6)秒表。

(7)水平尺。

(8)其他仪具与材料：细砂、毛刷、垂球、镐、铁锹、铲等。

二、检测步骤

1. 准备工作

(1)人员分工。按表7-4配备检测人员，要求做好技术交底、安全交底。

表7-4　承载板测定土基回弹模量人员配置表

分组	人数/名	分工	注意事项
驾驶员	1	将车辆驾驶至指定位置	—
操作人员	4	设备安装、按要求操作千斤顶	安装到位、避免设备滑移；缓慢加载、避免过载
读数员	3	读取荷载、变形数据	—
指挥员	1	现场指挥、协调	—
记录员	1	数据记录	—
安全员	1~2	安全督导	—

(2)场地及设备按表7-5做好场地设备准备工作。

表7-5　承载板法测定土基回弹模量场地及设备准备工作

项目	准备工作	备注
试验场地	①根据需要选择有代表性的测点，测点应位于水平的路基上，土质均匀，不含杂物。 ②平整土基表面，撒干燥洁净的细砂填平土基凹处，砂子不可覆盖全部土基表面，避免形成夹层	—
加载车	装载货物至指定后轴重	保存正式的磅单
其他设备	提前检查确认性能	—

2. 测试步骤

(1)设备调试与安装。

①安置承载板，并用水平尺进行校正，使承载板置水平状态。

②将试验车置于测点上，在加劲横梁中部悬挂垂球测试，使之恰好对准承载板中心，然后收起垂球。

③在承载板上安放千斤顶，上面衬垫钢圆筒、钢板，并将球座置于顶部与加劲横梁接触。

④用测力环时，应将测力环置于千斤顶与横梁中间。安放弯沉仪，将两台贝克曼梁的

测头分别置于承载板立柱的支座上,百分表调零或调至其他合适的初始位置上。

注:千斤顶及衬垫物必须保持垂直,以免加压时千斤顶倾倒,发生事故并影响测试数据的准确性。

(2)预压。用千斤顶开始加载,注视测力环或压力表,至预压 0.05 MPa,稳压 1 min,使承载板与土基紧密接触,同时,检查百分表的工作情况是否正常,然后放松千斤顶油门卸载,稳压 1 min 后,将百分表调零或调至其他合适的初始位置上,或记录初始读数。

(3)测定土基的压力—变形曲线。用千斤顶加载,采用逐级加载卸载法,用压力表或测力环控制加载量,荷载小于 0.1 MPa 时,每级增加 0.02 MPa,以后每级增加约 0.04 MPa。为了使加载和计算方便,加载数值可适当调整为整数。每次加载至预定荷载 P 后,稳定 1 min,立即读记两台弯沉仪百分表数值,然后轻轻放开千斤顶油门卸载至 0 MPa,待卸载稳定 1 min 后,再次读数,每次卸载后百分表不再调零。当两个百分表读数之差小于平均值的 30% 时,取平均值。如超过 30%,则应重测。当回弹变形值超过 1 mm 时,即可停止加载。土基加载顺序:0→0.05 MPa→0;0→0.10 MPa→0;0→0.15 MPa→0;0→0.20 MPa→0;0→0.30 MPa→0;0→0.40 MPa→0;0→0.50 MPa→0。

承载板单位压力对应荷载见表 7-6。

表 7-6 承载板单位压力对应荷载

承载板单位压力/MPa	0.05	0.1	0.15	0.2	0.3	0.4	0.5	0.6	0.7
荷载/kN	3.534	7.069	10.603	14.137	21.206	28.274	35.343	42.412	49.48

(4)测定总影响量。最后一次加载卸载循环结束后,取走千斤顶,重新读取百分表初读数,然后将汽车开出 10 m 外,读取终读数,两百分表的初、终读数差之平均值即总影响量 a。

(5)在试验点下取样,测定材料含水率。取样数量如下:最大粒径不大于 4.75 mm,试样数量约 120 g;最大粒径不大于 19.0 mm,试样数量约 250 g;最大粒径不大于 31.5 mm,试样数量约 500 g。

(6)测定土基的密度。在紧靠试验点旁边的适当位置,用灌砂法或环刀法等方法测定土基的密度。

三、数据分析与处理

1. 变形量计算

各级荷载的回弹变形和总变形,按以下方法计算:

回弹变形 L=(加载后读数平均值−卸载后读数平均值)×贝克曼梁杠杆比

总变形 L'=(加载后读数平均值−加载初始前读数平均值)×贝克曼梁杠杆比

2. 回弹变形值计算

各级压力的回弹变形值加上该级的影响量后,则为计算出的回弹变形值。

表 7-7 是以后轴重 60 kN 的标准车为测试车的各级荷载影响量的计算值。当使用其他类型测试车时,各级压力下的影响量按下式计算:

$$a_i = \frac{(T_1+T_2)\pi D^2 p_i}{4T_1 Q} \cdot a \tag{7-6}$$

式中 T_1——载重汽车前后轴距(m);

T_2——加劲小梁距后轴距离(m);

D——承载板直径(m);

Q——载重汽车后轴重(N);

p_i——第 i 级承载板压力(Pa);

a——总影响量(0.01 mm);

a_i——第 i 级压力的影响量(0.01 mm)。

表 7-7　各级荷载影响量(后轴 60 kN 车)

承载板压力/MPa	0.05	0.10	0.15	0.20	0.30	0.40	0.50
影响量	0.06a	0.12a	0.18a	0.24a	0.36a	0.48a	0.60a

3. 各级荷载下的土基回弹模量 E_i 计算

按下式计算相应于各级荷载下的土基回弹模量值:

$$E_i = \frac{\pi D}{4} \times \frac{p_i}{L_i}(1-\mu_0^2) \tag{7-7}$$

式中 E_i——相应于第 i 级荷载下的土基回弹模量(MPa);

μ_0——土的泊松比,根据相关路面设计规范规定选用;

D——承载板直径取 30 cm;

p_i——承载板压力(MPa);

L_i——相对于荷载 p_i 时的第 i 级回弹变形计算值(cm)。

4. 土基回弹模量 E_0 计算

取结束试验前的各回弹变形值,按线性回归方法由下式计算土基回弹模量 E_0 值:

$$E_0 = \frac{\pi D}{4} \times \frac{\sum p_i}{\sum L_i}(1-\mu_0^2) \tag{7-8}$$

式中 E_0——土基回弹模量(MPa);

μ_0——土的泊松比,根据相关路面设计规范规定取用;

L_i——结束试验前的各级实测回弹变形值;

p_i——对应于 L_i 的各级压力值。

四、报告要求

本方法应报告以下技术内容:

(1)测试位置信息(桩号等)。

(2)试验时土基的含水率、土基密度。

(3)回弹变形、影响量及土基回弹模量。

单元小结

本单元所介绍的两种测试方法均以贝克曼梁为变形数据采集装置，仅荷载的作用方式与时间不同，所评价的路基路面等结构物的强度指标不同。承载板法总体操作对现场技术人员的配合度、准确度要求更高，需要学生加强实操演练，进一步加深对试验原理与试验模型的理解。

思考与习题

1. 贝克曼梁法测定弯沉值百分表读数为什么乘以 2 为最终测定值？
2. 贝克曼梁法实质上测的是路基路面的哪几次变形量？
3. 请尝试分析承载板的单位压力与荷载是如何换算的。

单元 8　水泥混凝土强度检测

水泥混凝土是主要的公路建筑材料,被用于各种结构物的建筑,如水泥混凝土路面、水泥混凝土护栏等,承受剪应力、拉应力等。强度是表示工程材料抵抗断裂和过度变形的力学性能之一,是施工质量控制、工程质量验收中应用的主要指标。

课件:水泥混凝土强度检测

目前,现场检测混凝土强度的方法分为非破损和微破损两大类。非破损方法主要有回弹法、回弹超声法等,这些方法都是在不破坏结构构件的情况下,直接从结构物上测试、推定混凝土强度及缺陷。微破损方法主要为取芯法,取芯法是以不影响结构或构件的承载力为前提,在结构或构件中直接钻取芯样进行抗压,从而推定混凝土强度的方法。

课题 26　回弹法测定水泥混凝土强度

一、方法简介

1. 测试原理

回弹法为经验无损检测方法。该方法根据工程实际经验,由实际测定的回弹值,通过各类修正,依据测强曲线或测区强度换算表换算测区现龄期混凝土强度值,以此评价构建的强度性能。本方法适用于快速测试水泥混凝土路面的抗压强度,不作为混凝土路面的强度评定、仲裁试验或工程验收使用;不适用于表面与内部质量有明显差异或内部存在缺陷的水泥混凝土强度测试;不适用于厚度小于 100 mm 水泥混凝土强度测试。

回弹仪的回弹值实际反映的是混凝土的表面硬度。混凝土强度越高,表面硬度也越高,两者之间有一定相关性。因此,使用回弹仪测定混凝土表面硬度,就可以根据硬度与强度的相关关系(标定的硬度—强度关系曲线),推测出混凝土的强度。

回弹仪工作原理:混凝土回弹仪是用弹簧驱动弹击锤并通过弹击杆弹击混凝土表面所产生的瞬时弹性变形的恢复力,使弹击锤带动指针弹回并指示出弹回的距离。以回弹值(弹回的距离与冲击前弹击锤与弹击杆的距离之比,按百分比计算)作为混凝土抗压强度相关的指标之一,来推定混凝土的抗压强度。

由回弹值推定抗压强度主要考虑了角度修正(修正重力对回弹仪弹击过程的影响)、浇筑面修正(修正重力对混凝土成形过程的影响)、碳化深度等影响因素。

2. 仪器设备

(1)混凝土回弹仪。水平弹击时,在弹击锤脱钩的瞬间,回弹仪的标称能量应为 2.207 J。

弹击锤与弹击杆碰撞的瞬间，弹击拉簧处于自由状态，此时，弹击锤起点应位于刻度尺的零点处(图 8-1 和图 8-2)。

(2) 钢砧：洛氏硬度为 (60±2)HRC。

(3) 酚酞酒精溶液：浓度 1%～2%。

(4) 碳化深度测定仪：分度值为 0.25 mm。

(5) 游标卡尺：分度值 0.02。

(6) 其他设备：手提式砂轮、凿子、锤子、吹耳球等。

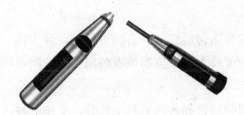

图 8-1　混凝土回弹仪

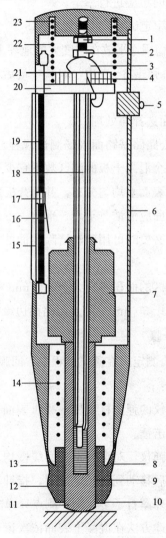

图 8-2　混凝土回弹仪结构图

1—紧固螺母；2—调零螺钉；3—挂钩；4—挂钩销子；
5—按钮；6—机壳；7—弹击垂锤；8—拉簧座；
9—卡环；10—密封毡圈；11—弹击杆；12—盖帽；
13—缓冲弹簧；14—弹击拉簧；15—刻度尺；16—指针片；
17—指针块；18—中心导杆；19—指针轴；20—导向法兰；
21—拉钩弹簧；22—压簧；23—尾盖

二、现场检测

1. 准备工作

(1)确保测试时环境温度为-4 ℃~40 ℃。

(2)回弹仪的率定。

①回弹仪使用前,应在钢砧上进行率定,在每天测试完毕后率定一次,测定过程中对回弹值有怀疑时也应进行率定。

②回弹仪率定试验,宜在温度为5 ℃~35 ℃的条件下进行。率定时,钢砧表面应干燥、清洁,钢砧应稳固地平放在刚度大的地坪上,回弹仪向下弹击时,弹击杆应分4次旋转,每次旋转约90°,弹击3~5次,取其中最后连续3次且读数稳定的回弹值进行平均,作为率定值。

(3)测试面选择与处理。

①按照《公路路基路面现场测试规程》(JTG 3450—2019)T0902规定的方法确定测试的混凝土板。每个混凝土板的测区数不宜少于10个,相邻两测区的间距不宜大于2 m;测区宜在混凝土板表面上均匀分布,并避开板边板角。

②测区表面应清洁、干燥、平整,不应有疏松层、饰面层、粉刷层、浮浆、油垢及蜂窝、麻面等,必要时可用砂轮清除表面的杂物和不平整处,磨光的表面不应有残留粉尘或碎屑。

③一个测区的面积不宜大于200 mm×200 mm,每一测区测试16个测点,相邻两测点的间距不宜小于30 mm,测点距路面边缘或接缝的距离不应小于200 mm。

2. 测试步骤

(1)回弹值测定。在测试过程中,回弹仪的轴线应始终垂直于混凝土表面,具体操作应符合下列要求:

①将回弹仪的弹击杆顶住混凝土表面,轻压仪器,使按钮松开,弹击杆徐徐伸出,并使挂钩挂上弹击锤。

②手持回弹仪,对混凝土表面缓慢均匀施压,待弹击锤脱钩,冲击弹击杆后,弹击锤即带动指针向后移动到达一定位置,指针刻度线在刻度尺上的示值即该点的回弹值,测点不应在气孔或外露石子上,同一测点只弹击一次。

③使用上述方法在混凝土表面依次读数并记录回弹值,如条件不利于读数,可按下按钮,锁住机芯,将回弹仪移至他处读数,准确至1个单位。

④使用完毕后应将弹击杆压入仪器,经弹击后按下按钮,锁住机芯,待下一次使用。

(2)碳化深度测定。

①回弹值测量完毕后,应在有代表性的测区上测量碳化深度值,测点数不应少于构件测区数的30%,应取其平均值作为该构件每个测区的碳化深度值。当碳化深度值极差大于2.0 mm时,在每一测区分别测量碳化深度值。

②测量碳化深度值时，可用合适的工具在测区表面形成直径约为 15 mm 的孔洞（其深度略大于混凝土的碳化深度），然后用吸耳球吹去孔洞中的粉末和碎屑（不得用液体冲洗），并立即用浓度为 1‰~2‰的酚酞酒精溶液洒在孔洞内壁的边缘处，当已碳化与未碳化界限清楚时（未碳化部分变成紫红色），用碳化深度测定仪或深度游标卡尺测试已碳化与未碳化交界面至混凝土表面的垂直距离 3 次，取 3 次测试的平均值作为碳化深度测试结果，准确至 0.5 mm。

三、数据处理

1. 计算测区平均回弹值

将一个测区的 16 个测点的回弹值，去掉 3 个最大值及 3 个最小值，其余 10 个回弹值按下式计算测区平均回弹值。

$$\overline{N_S} = \frac{\sum N_i}{10} \tag{8-1}$$

式中 $\overline{N_S}$——测区平均回弹值，准确至 0.1，无量纲；

N_i——第 i 个测点的回弹值。

2. 角度修正

根据回弹仪轴线与水平方向的角度将测得的数据按式（8-2）进行修正，计算非水平方向测试的回弹修正值。当测试水泥混凝土路面为向下垂直方向时，测试角度为 $-90°$，回弹修正值 ΔN 见表 8-1。

$$\overline{N} = \overline{N_S} + \Delta N \tag{8-2}$$

式中 $\overline{N}$——经非水平测试修正的测区平均回弹值；

ΔN——非水平测试的回弹值的修正值，由表 8-1 或内插法求得，准确至 0.1。

表 8-1 非水平方向测试的回弹修正值

$\overline{N_S}$	与水平方向所成的角度 α							
	+90°	+60°	+45°	+30°	-30°	-45°	-60°	-90°
20	-6.0	-5.0	-4.0	-3.0	+2.5	+3.0	+3.5	+4.0
30	-5.0	-4.0	-3.5	-2.5	+2.0	+2.5	+3.0	+3.5
40	-4.0	-3.0	-3.0	-2.0	+1.5	+2.0	+2.5	+3.0
50	-3.5	-3.0	-2.5	-1.5	+1.0	+1.5	+2.0	+2.5

注：α 为回弹仪轴线与水平方向的角度，表中未列入的 $\overline{N_S}$，可用内插法求得

3. 平均碳化深度计算

平均碳化深度按下式计算：

$$L = \frac{1}{n}\sum_{i=1}^{n} L_i \tag{8-3}$$

式中 L——平均碳化深度（mm）；

L_i——第 i 个测点的碳化深度(mm);

n——测点数。

注:平均碳化深度值等于或大于 6.0 mm 时,取 6.0 mm。

4. 混凝土强度推算

将回弹值换算为混凝土强度时,宜采用下列方法:

(1)有试验条件时,宜通过试验建立专用测强曲线,但测强曲线仅适用于材料质量、成型、养护和龄期等条件基本相同的混凝土。混凝土标准试块为 150 mm×150 mm×150 mm,采用 1.5、1.75、2.0、2.25、2.50 五个胶水比,以便得到不少于 30 对数据,试件与被测对象有相同的养护条件,到达龄期后,将试块用压力机加压至 30~50 kN 稳住,用回弹仪在两侧面分别测试 8 个测点,计算平均回弹值,然后进行抗压强度试验,用最小二乘法建立两者相关性关系的推定式,推定式可为直线式或其他适当的形式,但相关系数 R 不得小于 0.95。然后,根据测区平均回弹值利用测强曲线推定混凝土抗压强度。

(2)在没有条件通过试验建立专用测强曲线时,每个测区混凝土的抗压强度值 R_i 可按平均回弹值 $\overline{N}$ 及平均碳化深度值 $\overline{L}$,根据表 8-2 查出。

表 8-2 测区混凝土抗压强度值换算表

| 平均回弹值 $\overline{N}$ | 测区混凝土抗压强度值 R_i/MPa ||||||||||||
| | 平均碳化深度值 $\overline{L}$/mm ||||||||||||
	0	0.5	1.0	1.5	2.0	2.5	3.0	3.5	4.0	4.5	5.0	5.5	≥6.0
20	10.3	10.1	—	—	—	—	—	—	—	—	—	—	—
21	11.4	11.2	10.8	10.5	10.0	—	—	—	—	—	—	—	—
22	12.5	12.2	11.9	11.5	11.0	10.6	10.2	—	—	—	—	—	—
23	13.7	13.4	13.0	12.6	12.1	11.6	11.2	10.8	10.5	10.1	—	—	—
24	14.9	14.6	14.2	13.7	13.1	12.7	12.2	11.8	11.5	11.0	10.7	10.4	10.1
25	16.2	15.9	15.4	14.9	14.3	13.8	13.3	12.8	12.5	12.0	11.7	11.3	10.9
26	17.5	17.2	16.6	16.1	15.4	14.9	14.4	13.8	13.5	13.0	12.6	12.2	11.6
27	18.9	18.5	18.0	17.4	16.6	16.1	15.5	14.8	14.6	14.0	13.6	13.1	12.4
28	20.3	19.7	19.2	18.4	17.6	17.0	16.5	15.8	15.4	14.8	14.4	13.9	13.2
29	21.8	21.1	20.5	19.6	18.7	18.1	17.5	16.8	16.4	15.8	15.4	14.6	13.9
30	23.3	22.6	21.9	21.0	20.0	19.3	18.6	17.9	17.4	16.8	16.4	15.4	14.7
31	24.9	24.2	23.4	22.4	21.4	20.7	19.9	19.2	18.4	17.9	17.4	16.4	15.5
32	26.5	25.7	24.9	23.9	22.8	22.0	21.2	20.4	19.6	19.1	18.4	17.5	16.4
33	28.2	27.4	26.5	25.4	24.3	23.4	22.6	21.7	20.9	20.3	19.4	18.5	17.4
34	30.0	29.1	28.0	26.8	25.6	24.6	23.7	23.0	22.1	21.3	20.4	19.5	18.3
35	31.8	30.8	29.6	28.4	26.7	25.8	24.8	24.0	23.2	22.4	21.4	20.4	19.2
36	33.6	32.6	31.2	29.6	28.2	27.2	26.2	25.2	24.5	23.5	22.4	21.4	20.2

续表

平均回弹值 $\overline{N}$	测区混凝土抗压强度值 R_i/MPa 平均碳化深度值 $\overline{L}$/mm												
	0	0.5	1.0	1.5	2.0	2.5	3.0	3.5	4.0	4.5	5.0	5.5	≥6.0
37	35.5	34.4	33.0	31.2	29.8	28.8	27.7	26.6	25.9	24.8	23.4	22.4	21.3
38	37.5	36.4	34.9	33.0	31.5	30.3	29.2	28.1	27.4	26.2	24.8	23.6	22.5
39	39.5	38.2	36.7	34.7	33.0	31.8	30.6	29.6	28.8	27.4	26.0	24.8	23.7
40	41.6	39.9	38.3	36.2	34.5	33.3	31.7	30.7	30.0	28.4	27.0	25.8	25.0
41	43.7	42.0	40.2	38.0	36.0	34.8	33.2	32.3	31.5	29.7	28.4	27.1	26.2
42	45.9	44.1	42.2	39.9	37.6	36.3	34.9	34.0	33.0	31.2	29.8	28.5	27.5
43	48.1	46.2	44.2	41.8	39.4	38.0	36.6	35.6	34.6	32.7	31.3	29.8	28.9
44	50.4	48.4	46.4	43.8	41.3	39.8	38.3	37.3	36.3	34.3	32.8	31.2	30.2
45	52.7	50.6	48.5	45.8	43.2	41.6	40.1	39.0	37.9	35.8	34.3	32.7	31.6
46	55.0	52.8	50.6	47.9	45.2	43.5	41.9	40.8	39.7	37.5	35.8	34.2	33.1
47	57.5	55.2	52.9	50.0	47.2	45.5	43.7	42.6	41.4	39.1	37.4	35.6	34.5
48	60.0	57.6	55.2	52.2	49.2	47.5	45.6	44.4	43.2	40.8	39.0	37.2	36.0
49	—	60.0	57.5	54.4	51.3	49.4	47.5	46.2	45.0	42.5	40.6	38.8	37.5
50	—	—	59.9	56.7	53.4	51.4	49.5	48.2	46.9	44.3	42.3	40.4	39.1
51	—	—	—	59.0	55.6	53.5	51.5	50.1	48.8	46.1	44.1	42.0	40.7
52	—	—	—	—	57.8	55.7	53.6	52.1	50.7	47.9	45.8	43.7	42.3
53	—	—	—	—	60.0	57.8	55.6	54.2	52.7	49.8	47.6	45.4	43.9
54	—	—	—	—	—	60.0	57.8	56.3	54.7	51.7	49.4	47.1	45.6
55	—	—	—	—	—	—	59.9	58.4	56.8	53.6	51.3	48.9	47.3
60	—	—	—	—	—	—	—	—	—	—	—	58.3	56.4

注：采用本表换算的混凝土龄期宜大于 14 d，抗压强度为 10.0~60.0 MPa，表中未列入的可用内插法求得

5. 平均值、标准差、变异系数计算

按《公路路基路面现场测试规程》(JTG 3450—2019)附录 B 的方法，计算测试对象全部测区的推定混凝土抗压强度的平均值、标准差、变异系数。

四、报告要求

本方法应报告以下技术内容：

(1)测试位置信息(测试位置、测区数量等)。

(2)测强曲线、回弹值与抗压强度的相关性关系式、相关系数。

(3)回弹值、抗压强度推定值。

(4)混凝土抗压强度的平均值、标准差及变异系数。

课题27 钻芯法测定水泥混凝土路面劈裂强度

一、方法简介

1. 仪器设备

本试验需要下列仪具与材料:
(1)路面钻芯机:手推式或车载式。采用直径为150 mm的钻头,配有淋水冷却装置。
(2)量尺:钢直尺。
(3)补坑材料:与检查层位的材料相同。
(4)补坑用具:夯、热夯、水等。
(5)微机控制全自动压力试验机。
(6)其他仪具与材料:标签纸、搪瓷盘、棉纱等。

2. 测试原理

首先,钻芯法钻取的芯样试件直接取自混凝土结构本身,能比较客观地反映该结构体混凝土的实际强度;其次,试件检测方法与传统的立方体试块检测方法相同,直接在压力机上测得其最大力后换算成强度,试验直接、直观,结论容易被用户接受。用钻芯法检测混凝土的强度、裂缝、接缝、分层、孔洞或离析等缺陷具有直观、可靠、精度高等特点。

二、测试步骤

1. 钻孔取样

(1)钻取位置及频率:在钻取前应考虑由于钻芯可能导致的对结构的不利影响。其中,高速公路、一级公路每车道每3 km,钻取1个芯样;其他公路每车道每2 km钻取1个芯样;单独施工硬路肩为1个车道。
(2)用路面取芯钻机,采用直径为100 mm或150 mm的钻头钻取芯样,钻头内径应为所用集料公称最大粒径的2倍,钻孔深度均必须达到层厚。
(3)仔细取出芯样,清除底面灰土,填写并粘贴标签。
(4)用取样层的相同材料填补钻孔。
(5)适当清理坑中残留物,钻孔时留下的积水应用棉纱吸干。
(6)对无机结合料稳定层及水泥混凝土路面板,应按相同配比用新拌的材料分层填补并用小锤压实。水泥混凝土中宜掺加少数快凝早强的外掺剂。
(7)所有坑补结束时,宜比原面层略鼓出少许,用重锤或压路机压实平整。

2. 芯样加工

在室内将芯样加工成长径比为 2 的试件；对试件进行调湿，一般应在标准养护室养护 24 h。

自养护室取出试件，用湿布覆盖，避免其湿度变化。测量出直径、高度并检查外形，尺寸量测至 1 mm。

3. 劈裂强度试验

在试件中部画出劈裂面位置线。圆柱体的母线公差为 0.15 mm。这两条母线应位于同一轴向平面内，彼此相对，两条线的末端在试件的端面上相连，应为通过圆心的直径，以明确标明承压面。将试件、劈裂夹具、垫条和垫层放在压力机上，借助夹具两侧杆，将试件对中。开动压力机，当压力机压板与夹具垫条接近时，调整球座使压力均匀接触试件。当压力到 5 kN 时，将夹具的侧杆抽掉。

当混凝土的强度等级小于 C30 时，加载速度为 0.02～0.05 MPa/s；当混凝土的强度等级大于等于 C30 且小于 C60 时，加载速度为 0.05～0.08 MPa/s；当混凝土的强度等级大于等于 C60 时，加载速度为 0.08～0.10 MPa/s。当试件接近破坏而开始迅速变形时，不得调整试验机油门，直至试件破坏，记录破坏极限荷载 F。

三、数据处理

(1)按式(8-4)计算圆柱体劈裂强度 f_{ct}，结果计算精确至 0.01 MPa。

$$f_{ct}=\frac{2F}{\pi d \times l} \tag{8-4}$$

式中　f_{ct}——圆柱体劈裂强度(MPa)；

　　　F——极限荷载(N)；

　　　d——圆柱体截面的平均直径(mm)；

　　　l——圆柱体平均长度(mm)。

(2)按以下规定，将圆柱体抗拉强度换算为标准小梁弯拉强度：

①高速公路、一级公路应通过试验得到各自工程的统计公式，用于确定统计公式的试验组数不宜小于 15 组。

②其他公路混凝土面板芯样劈裂强度与标准小梁弯拉强度可根据粗集料岩石品种和类型，分别按下列公式换算。

石灰岩、花岗岩碎石混凝土：

$$f_c = 1.868 f_{SP}^{0.871} \tag{8-5}$$

玄武岩碎石混凝土：

$$f_c = 3.035 f_{SP}^{0.423} \tag{8-6}$$

砾石混凝土：

$$f_c = 1.607 + 1.035 f_{SP} \tag{8-7}$$

式中 f_c——混凝土标准小梁弯拉强度(MPa);
f_{ct}——混凝土直径150 mm芯样圆柱体的劈裂强度(MPa)。

四、注意事项

芯样尽可能避免在靠近混凝土构件的接缝或边缘处钻取,且基本上不应带有钢筋。

劈裂强度测定值的计算及异常数据的取舍原则:以3个试件测值的算术平均值为测定值,如3个试件中最大值或最小值中有一个与中间值的差值超过中间值的15%,则取中间值为测定值;如有两个测值与中间值的差值均超过上述规定,则该组试验结果无效。

单元小结

本单元介绍了水泥混凝土强度检测的两种方法。其中,回弹法检测混凝土的抗压强度,为无损检测方法;钻芯法检测混凝土的劈裂强度(换算弯拉强度),为局部破坏性方法。

思考与习题

1. 请尝试分析水泥混凝土强度的影响因素。
2. 请尝试分析用回弹法测定水泥混凝土强度的影响因素。

单元 9　沥青路面渗水系数检测

课题 28　沥青路面渗水系数概述

渗水是指水透过结构物表面进入结构物内部或穿过结构物的过程。渗水系数用来表征这个过程的难易程度，沥青路面渗水系数采用固定渗水面积、渗水压力下单位时间内水的通过量来衡量。

沥青路面渗水系数用以评价沥青路面渗水性能。沥青路面渗水性能是反映路面沥青混合料级配组成的一个间接指标，也是沥青路面水稳定性的一个重要指标。如果整个沥青面层均透水，则水势必进入基层或路基，使路面承载力降低。相反，如果沥青面层中有一层不透水，而表层能很快透水，则又不致形成水膜，对抗滑性能有很大好处。

课件：沥青路面渗水系数检测

课题 29　沥青路面渗水系数检测方法

一、方法简介

1. 测试原理

本方法利用密封材料、压重块及渗水仪底座（标准环）固定渗水面积，利用渗水仪上部的量筒固定水量（渗水压力），利用开关控制试验，利用秒表记录渗水时间。

2. 仪器设备

(1) 路面渗水仪：上部盛水量筒由透明有机玻璃制成，容积为 600 mL，上有刻度，在 100 mL 及 500 mL 处有粗标线，下方通过 ϕ10 mm 的细管与底座相接，中间有一开关。量筒通过支架连接，底座下方开口内径为 150 mm，外径为 220 mm，仪器附不锈钢圈压重两个，每个质量约为 5 kg，内径为 160 mm，如图 9-1 和图 9-2 所示。

(2) 套环：金属圆环，宽度为 5 mm，内径为 145 mm，主要防止密封材料被挤压进入测试面而导致渗水面积不一致。

图 9-1　路面渗水仪

(3)水筒及大漏斗。

(4)秒表。

(5)密封材料：防水腻子、油灰或橡皮泥。

(6)其他设备：水、粉笔、塑料圈、刮刀、扫帚等。

注：塑料圈与底座接地断面大小一致，可自制。

二、检测过程

1. 准备工作

(1)每个测试位置，按照《公路路基路面现场测试规程》(JTG 3450—2019)附录 A 规定的方法，随机选择 3 个测点，并用粉笔画上测试标记。

(2)试验前，首先用扫帚清扫表面，并用刷子将路面表面的杂物刷去。

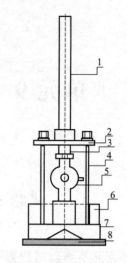

图 9-2　路面渗水仪构造

1—透明有机玻璃管；2—顶板；
3—接管；4—立柱支架；5—阀门；
6—压重块；7—标准环；8—密封材料

(3)新建沥青路面的渗水试验宜在沥青路面碾压成型后 12 h 内完成。

2. 测试步骤

(1)将塑料圈置于路面表面的测点上，用粉笔分别沿塑料圈的内侧和外侧画上圈，在外环和内环之间的部分就是需要用密封材料进行密封的区域。

(2)用密封材料对环状密封区域进行密封处理，注意不要使密封材料进入内圈，如果密封材料不小心进入内圈，必须用刮刀将其刮走。然后再将搓成拇指粗细的条状密封材料搽在环状密封区域的中央，并且搽成一圈。

(3)将套环放在路面表面的测点上，注意使套环的中心尽量和圆环中心重合，然后略微使劲将套环压在条状密封材料表面；采用同样的方法将渗水仪放在套环上并对中，施加压力将渗水仪压在套环上，再将配重加上，以防压力水从底座与路面间流出。

(4)将开关及排气孔关闭，向量筒中注水超过 100 mL 刻度，然后打开开关和排气孔，使量筒中的水下流排出渗水仪底部内的空气，当量筒中水面下降速度变慢时，用双手轻压渗水仪使渗水仪底部的气泡全部排出，当水自排气孔顺畅排出时，关闭开关和排气孔，并再次向量筒中注水至 100 mL 刻度。

(5)将开关打开，待水面下降至 100 mL 刻度时，立即开动秒表开始计时，计时 3 min 后立即记录水量，结束试验；当计时不到 3 min 水面已下降至 500 mL 时，立即记录水面下降至 500 mL 时的时间，结束试验。当开关打开后 3 min 时间内水面无法下降至 500 mL 刻度时，则开动秒表计时测试 3 min 内渗水量即可结束试验。

(6)测试过程中，如水从底座与密封材料间渗出，则底座与路面间密封不好，此试验结果为无效。关闭开关，采用密封材料补充密封，重新按(4)～(5)测试。如果仍然有水渗出，应在同一纵向位置沿宽度方向就近选择位置，重新按(1)～(5)测试。

(7)测试过程中,如水从外环圈以外路面中渗出,可以人工将密封材料在外环圈之外 5 cm 宽度范围内再次进行密封处理,重新按(4)~(5)测试,只要密封范围内无水渗出,就认为试验结果为有效。

(8)重复(1)~(7)的步骤,测试 3 个测点的渗水系数。

三、数据处理

沥青路面的渗水系数按式(9-1)计算,计算时以水面从 100 mL 下降至 500 mL 所需的时间为标准,若渗水时间过长,也可采用 3 min 通过的水量计算:

$$C_w = (V_2 - V_1)/(t_2 - t_1) \times 60 \tag{9-1}$$

式中 C_w——渗水系数(mL/min);
V_1——第一次计时的水量(mL),通常为 100 mL;
V_2——第二次计时的水量(mL),通常为 500 mL;
t_1——第一次计时的时间(s);
t_2——第二次计时的时间(s)。

以 3 个测点渗水系数的平均值作为该测试位置的结果,准确至 1 mL/min。

四、报告要求

本方法应报告以下技术内容:
(1)测试位置信息(桩号、路面类型等)。
(2)测试位置的渗水系数(3 个测点的平均值)。

单元小结

本单元介绍了沥青混凝土路面的渗水系数及其检测方法,整个试验结果比较直观。本方法总体上原理简单、操作也不复杂,重点在于做好设备与路面之间的密封工作。沥青路面透不透水,由其内部结构、孔隙率决定。

《公路工程质量检验评定标准 第一册 土建工程》(JTG F80/1—2017)中对沥青路面的渗水系数按结构类型分别提出限值要求。但随着经济社会的发展,排水沥青路面也逐步进入了工程实践。

思考与习题

1. 本方法测量结果的影响因素有哪些?
2. 试分析路面渗水性能对路面行车的影响。

单元 10　路基路面损坏检测

课题 30　路面错台检测

课件：路基路面损坏检测

一、定义

错台是指在水泥混凝土路面的接缝或裂缝处，两板体产生相对竖向位移的现象。常年的车流特别是重载车辆可能造成相邻旧混凝土板高低不平，形成错台。

二、检测方法及数据处理

路面错台检测方法有基准尺法、深度尺法和水准仪（全站仪）法三种。相应的检测设备如图 10-1 所示。以上方法适用于测试在构造物端部接头、水泥混凝土路面的错台高度，以评价路面行车舒适程度。

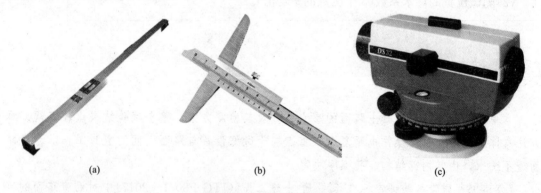

图 10-1　路面错台检测设备
(a)基准尺(3 m 直尺)；(b)深度尺；(c)水准仪

仪具与材料技术要求：

(1)基准尺：3 m 直尺或 2 m 直尺。

(2)量尺。

①深度尺：分辨率不大于 0.5 mm。

②钢直尺：量程不小于 200 mm。

③钢卷尺：量程不小于 5 m。

④塞尺：分度值不大于 0.5 mm。

(3)水准仪或全站仪。

①水准仪：精度 DS_3。

②全站仪：测角精度 $2''$，测距精度 $\pm(2\ mm+2\times10^{-6}s)$（$s$ 为测距）。

三、检测步骤

1. 准备工作

测试前，应对测试位置进行清理，保证无浮砂、污泥等影响测试结果的污染物。

2. 检测

选择需要测试的断面，记录位置、桩号，描述错台的情况。路面错台的测试位置应选在接缝高差最大处，根据需要也可选择其他有代表性的位置。根据实际情况选择以下测试方法。

(1)基准尺法。将基准尺垂直跨越接缝并平放于高出的一侧，用塞尺或钢直尺量测接缝处基准尺下基准面与位置较低板块的高差，即该处的错台高度 D，准确至 1 mm。

(2)深度尺法。将深度尺垂直置于高出的一侧，将测头顶出至与沉降面接触，稳定后读数，即为该处的错台高度 D，准确至 1 mm。测点的选择应避开水泥混凝土板块崩边的位置。

(3)水准仪(全站仪)法。将水准仪(全站仪)架设于路面平顺处调平，沿接缝在选定测点的两侧分别量测相对高程，准确至 1 mm。塔尺(棱镜)应放置在平整处，避开路面凸起和凹陷的位置。

四、数据处理

基准尺法和深度尺法的测试结果直接作为错台高度 D，准确至 1 mm。

水准仪(全站仪)法需计算接缝之间的相对高程、差值的绝对值作为错台高度 D，准确至 1 mm。

在检测报告中应包括以下技术内容：

(1)测试位置信息(桩号、路面及构造物概况等)。

(2)错台高度 D。

课题 31　沥青路面车辙检测

车辙是指沥青路面经汽车反复行驶产生流动变形、磨损、沉陷后，在车行道行车轨迹上产生的纵向带状辙槽，车辙深度以"mm"计。

车辙应按长度(m)计算，检测结果应用影响宽度(0.4 m)换算成损坏面积。损坏程度应按以下标准判断：

(1)轻度应为车辙深度，10～15 mm。

(2)重度应为车辙深度大于或等于 15 mm。

一、检测仪具与材料技术要求

车辙测试方法包括横断面尺检测方法和路面激光车辙仪检测方法两种。所用设备分别如图 10-2 和图 10-3 所示。

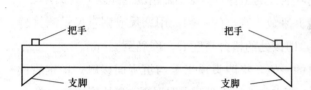

图 10-2　路面横断面尺

图 10-3　路面激光车辙仪

仪具与材料技术要求：

(1)横断面尺。如图 10-2 所示，金属制直尺，刻度间距为 50 mm，长度不小于一个车道宽度。顶面平直，最大弯曲不大于 1 mm，两端有把手及高度为 100～200 mm 的支脚，两支脚的高度相同，作为基准尺使用。

(2)基准尺。金属制，长度不小于一个车道宽度，最大弯曲不超过 1 mm，表面平直。

(3)量尺。

①钢直尺：量程不小于 300 mm，分度值为 1 mm。

②钢卷尺：量程不小于 3 000 mm，分度值为 1 mm。

③塞尺：分度值不大于 0.5 mm。

(4)路面激光车辙仪(图 10-3)的技术要求。

①纵向距离测量误差：≤0.1%。

②纵向采样间距：≤200 mm。

③有效测试宽度≥3.5 m，测点不少于 13 点，测试精度 0.1 mm，横向采样间距≤300 mm。

④车辙深度测量范围：0～50 mm。

二、方法与步骤

1. 车辙测试的基准测量宽度规定

(1)对高速公路及一级公路，以发生车辙的一个车道两侧标线宽度中点到中点的距离为基准测量宽度。

(2)对二级及二级以下公路,有车道区画线时,以发生车辙的一个车道两侧标线宽度中点到中点的距离为基准测量宽度;无车道区画线时,以形成车辙部位的一个设计车道作为基准测量宽度。

2. 横断面尺测试方法

(1)准备工作。确定测试路段,按随机选点的方法选取测试断面,并做好标记。

(2)测试步骤。

①选择需测试车辙的断面,将横断面尺置于该测试断面上,方向与道路中心线垂直,两端支脚置于测试车道两侧。

②沿横断面尺每隔 200 mm 一点,将钢直尺垂直立于路面上,读取横断面尺底面与路面之间的高差,准确至 1 mm,如断面的最高处或最低处明显不在测试点上,应加密测点。

③记录测试断面的桩号、位置及不同断面处的高差。

3. 基准尺测试方法

当不需要测试横断面,仅需要测试最大车辙时,可采用本方法。

(1)准备工作。确定测试路段,按随机选点的方法选取测试断面,并做好标记。

(2)测试步骤。

①选择需测试车辙的断面,将基准尺置于该测试断面上,方向与道路中心线垂直。

②若车辙形状为图 10-4 中(a)、(b)、(c)形式,则需分别量测左、右轮迹带的车辙深度,将基准尺分别置于左、右轮迹带辙槽两端最高位置,目测确定左、右轮迹带最大车辙位置,用量尺量取基准尺底面与路面之间的高差,准确至 1 mm,记录车辙深度 R_{U1} 和 R_{U2}。

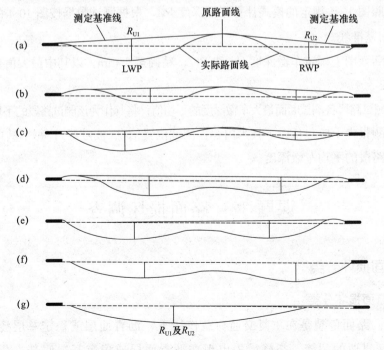

图 10-4 不同形状、不同程度的路面车辙示意

③若车辙形状为其他形式,则直接将基准尺置于断面辙槽两端最高位置,目测确定断面最大车辙位置,用量尺量取基准尺底面与路面之间的高差,准确至1 mm,记录车辙深度 R_U。

④记录测试断面的桩号、位置及断面处车辙深度。

注:LWP、RWP 表示左轮迹带及右轮迹带,R_{U1}、R_{U2} 表示左轮迹带、右轮迹带车辙深度。

4. 激光车辙仪测试方法

(1)准备工作。

①确定测试路段,要求测试路段无积水、无冰雪、无污染。

②将测试设备所有轮胎气压调整为设备所要求的标准气压,检查车辆和测试设备是否工作正常。

③查看天气预报,当风速大于6级时不宜进行测试。

(2)测试步骤。

①将测试车辆就位于测试区间起点前一定距离,以保证到达测试区域时能够达到测试要求的稳定车速,启动测试设备并将其调整至工作状态。

②设定测试系统参数,输入路线名称、路段桩号、测试车道和测试方向等信息。

③根据交通量、路面状况等实际情况确定测试速度。

④测试时应分车道测试,保持测试车中心线与车道中心线重合,测试系统自动记录被测试车道的路面车辙数据。

⑤测试结束,保存数据。

三、数据处理

(1)应按照图10-4规定的模式计算车辙深度 R_U,根据测试数据按图10-4的方法画出横断面图及顶面基准线。

(2)在横断面图上确定车辙深度 R_{U1} 和 R_{U2},精确至1 mm。以其中最大值作为断面的最大车辙深度 R_U。

(3)计算测试路段各测试断面最大车辙深度的平均值,将其作为该测试路段的平均车辙深度。

(4)在检测报告中应包括以下技术内容:测试位置信息(桩号等);每个断面的车辙深度值 R_U;测试路段的平均车辙深度。

课题32 路面损坏调查

一、路面损坏分类

1. 沥青路面损坏分类

(1)龟裂。路面龟裂是在重复交通荷载作用下,沥青面层或稳定基层疲劳破坏产生的一系列相互贯通的裂缝。裂缝最先出现在沥青面层或稳定基层底部,荷载弯拉应力或应变最大的位置。裂缝传至表面，开始时只是一条或数条平行的纵向裂缝。在车辆重复荷载作用下，裂缝连通起来，形成了多边、锐角的小块，发展成为网状或龟纹状的裂缝(表 10-1)。

表 10-1 龟裂病害概况

病害类型	程度	典型照片	说明
龟裂	轻		初期裂缝，裂区无变形、无散落、缝细，主要裂缝块度为 0.2~0.5 m，平均裂缝宽度小于 2 mm，损坏按面积计算
	中		龟裂的发展期，龟裂状态明显，裂缝区有轻微散落或轻度变形，平均裂缝宽度为 2~5 mm，主要裂缝块度小于 0.2 m，损坏按面积算
	重		龟裂特征显著，裂块较小，裂缝区变形明显、散落严重，平均裂缝宽度大于 5mm，主要裂缝块度小于 0.2 m，损坏按面积计算

(2)块状裂缝。裂缝纵横交错,损坏按面积计算(表10-2)。

其主要由以下原因引起:

①路面结构中夹有软弱层或泥灰层;粒料层松动,水稳性差。

②沥青与沥青混合料质量差,延度低,抗裂性差。

③沥青层厚度不足,层间黏结差,水分渗入,加速裂缝的形成。

④路面总体强度不足,在损坏初期形成网裂,日后裂缝逐步扩展,缝距缩小。

表10-2 块状裂缝病害概况

病害类型	程度	典型照片	说明
块状裂缝	轻		平均裂缝宽度为 1~2 mm,主要裂缝块度大于 1.0 m,损坏按面积计算
	重		平均裂缝宽度大于或等于 2 mm,主要裂缝块度为 0.5~1.0 m,损坏按面积计算

(3)纵向裂缝。与行车方向基本平行的裂缝,缝宽不一(表10-3)。其主要由以下原因引起:前后摊铺幅相接处的冷接缝未按有关规范要求认真处理,结合不紧密而脱开;纵向沟槽回填土压实质量差而发生沉陷;拓宽路段的新、老路面交界处沉降不一。

表 10-3 纵向裂缝病害概况

病害类型	程度	典型照片	说明
纵向裂缝	轻		缝细、裂缝壁无散落或有轻微散落,无支缝或有少量支缝,主要裂缝宽度小于或等于 3 mm,损坏按长度计算,检测结果要用影响宽度(0.2 m)换算成面积
	重		缝宽、裂缝壁有散落、有支缝,主要裂缝宽度大于 3 mm,损坏按长度计算,检测结果要用影响宽度(0.2 m)换算成面积

(4)横向裂缝。与行车道基本垂直的裂缝,缝宽不一,缝长有贯穿整个路幅的,也有穿部分路幅的(表 10-4)。其主要由以下原因引起:

①施工缝未处理好,接缝不紧密,结合不良。

②沥青未达到适合于本地区气候条件和使用要求的质量标准,致使沥青面层温度收缩或温度疲劳应力(应变)大于沥青混合料的抗拉强度(应变)。

③半刚性基层收缩裂缝的反射缝。

④桥梁、涵洞或通道两侧的填土产生固结或地基沉降。

表 10-4　横向裂缝病害概况

病害类型	程度	典型照片	说明
横向裂缝	轻	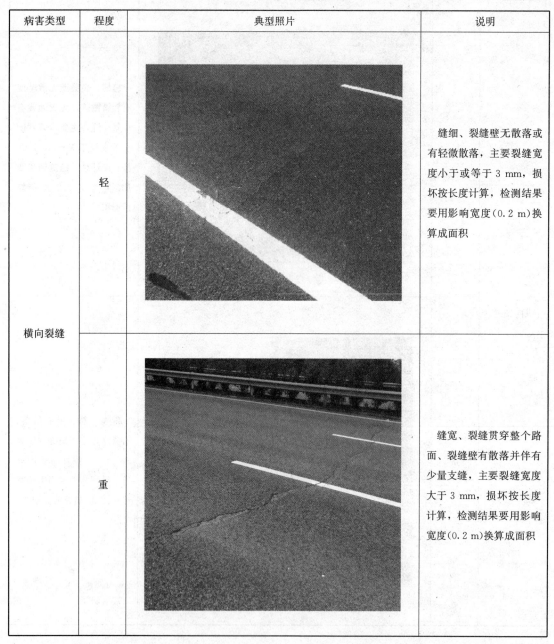	缝细、裂缝壁无散落或有轻微散落，主要裂缝宽度小于或等于 3 mm，损坏按长度计算，检测结果要用影响宽度(0.2 m)换算成面积
	重		缝宽、裂缝贯穿整个路面、裂缝壁有散落并伴有少量支缝，主要裂缝宽度大于 3 mm，损坏按长度计算，检测结果要用影响宽度(0.2 m)换算成面积

(5)坑槽。路面坑槽是指在行车作用下，路面集料局部脱落而产生的坑洼，是沥青路面易发、多发的常见病害，影响行车安全性、舒适性和路容路貌。如果养护维修不及时，会对行车安全构成极大威胁，同时会致使养护成本大幅增加。水损坏是产生沥青混凝土路面坑槽的最主要因素。水对沥青混凝土产生软化作用(含水率提高，导致其强度和刚度降低)、剥离作用(降低黏附性)和冲刷作用(在荷载作用下产生的动水压力不断冲刷细料)，造成沥青混凝土松散，从而形成坑槽(表 10-5)。

表 10-5　坑槽病害概况表

病害类型	程度	典型照片	说明
坑槽	轻		深度小于 25 mm，或面积小于 0.1 m²
	重		深度大于或等于 25 mm，或面积大于或等于 0.1 m²

(6)松散。沥青混凝土中沥青与集料的黏结力作用逐渐下降并丧失，在车辆荷载作用下使沥青混凝土表面层呈松散状态，面层中的集料颗粒脱落，粗、细集料散失起砂，路面磨损，路表粗麻，多处微坑，表层剥落，路面外观质量差，行车不适(表 10-6)。其主要由以下原因引起：

①沥青混合料中沥青偏少，油石比偏低，使得沥青与集料之间的黏结性差。

②因低气温施工，压实度过小，造成沥青面层内部空隙率过大，在车辆的荷载作用下造成的沥青面层松散。

③沥青混合料拌和时沥青温度过高，导致沥青老化，沥青膜剥落使沥青与集料的黏结力减弱而产生松散。

④集料选择有误，选择了酸性集料，与沥青黏附性差而造成松散。

⑤水损害导致的松散，由于车轮动态荷载的作用，水分逐渐渗入沥青与集料的界面，

使沥青黏附性降低并逐渐丧失黏结力，沥青膜从集料表面脱落，沥青混合料出现掉粒、松散。

⑥集料颗粒被足够厚的粉尘包裹，使沥青膜黏结在粉尘上，而不是黏结在集料颗粒上，在表面的摩擦力作用下磨掉沥青膜，并使集料颗粒脱离。这种情况主要是由于集料含泥量超标所造成的。

表 10-6 松散病害概况表

病害类型	程度	典型照片	说明
松散	轻		路面细集料散失、脱皮、麻面等表面损坏，损坏按面积计算
	重		路面粗集料散失、脱皮、麻面、露骨，表面剥落，损坏按面积计算

(7)沉陷。沉陷是指大于 10 mm 的路面局部下沉。沉陷是路面变形中最普遍的一种，其特点是面积大，涉及的结构层次深，主要出现在挖方段和填挖交界处(表 10-7)。其产生的主要原因有：

①土质路堑排水不畅，路床下部路基过湿润而产生不均匀沉降，引起路面局部下沉。

②路面强度不能适应日益增长的交通量，易发生疲劳破坏。

③路基或基层强度不足或填挖路基强度不一致,在车辆荷载作用下,路基或基层结构遭破坏而引起沉陷。

④桥头路面沉降不均匀而引起沉陷并与桥面发生错位。

表 10-7　沉陷病害概况表

病害类型	程度	典型照片	说明
沉陷	轻		深度为 10～25 mm,正常行车无明显感觉,损坏按面积计算
	重		深度大于 25 mm,正常行车有明显感觉,损坏按面积计算。

(8)车辙。车辙是指轮迹处深度大于 10 mm 的纵向带状凹槽(辙槽)(表 10-8)。

①磨耗型车辙。产生原因:在交通车辆轮胎磨耗和环境条件的综合作用下,路面磨损,面层内集料颗粒逐渐脱落;在冬季路面铺撒防滑料(如砂)时,磨耗型车辙会加速发展。

②结构型车辙。产生原因:这类车辙主要是基层等路面结构层或路基强度不足,在交通荷载反复作用下产生向下的永久变形,作用或反射于路面。

③失稳型车辙。产生原因:绝大多数车辙是由于在交通荷载产生的剪切应力的作用下,路面层材料失稳,凹陷和横向位移形成的。此类车辙的外观特点是沿车辙两侧可见混合料

失稳横向蠕变位移形成的凸缘。一般出现在车辆轮迹的区域内,当经碾压的路面材料的强度不足以抵抗交通荷载作用于它上面的应力,特别是重载车辆高频率通过,路面反复承受高频重载时,极易产生此类车辙。另外,在高速公路的进、出口,交费站或一般公路的交叉路口等减速或缓行区,这类车辙也较为严重。因为这些地区车速较低,交通荷载对路面的作用时间较长,故易引起路面材料失稳,横向位移和永久变形。

④压密型车辙。产生原因:压密型车辙是由于碾压不足,开放交通后被车辆压密而形成的。这类车辙如果是由于路面施工质量控制不严造成的非正常病害,一般在讨论车辙时,不做考虑。

表 10-8　车辙病害概况

病害类型	程度	典型照片	说明
车辙	轻		辙槽浅,深度为 10～15 mm,损坏按长度计算,检测结果要用影响深度(0.4 m)换算成面积
	重		辙槽深,深度为 15 mm 以上,损坏按长度计算,检测结果要用影响深度(0.4 m)换算成面积

(9)波浪壅包。波浪壅包是沥青面层因受行车推挤而形成局部隆起的现象(表 10-9)。其主要由以下原因引起:

①沥青面层中沥青含量过多、黏度和软化点偏低，矿料级配不良，细料偏多，致使面层材料自身的高温抗剪强度不足，在行车作用下产生壅包。

②基层局部含水率过高，水分滞留于基层，或基层浮土过多，或透层沥青洒布不符合要求等原因，影响面层和基层之间的结合，在行车水平力的作用下，使路面产生推移而形成局部不规则隆起的变形。

③由于基层局部强度不足或水稳性不好，使基层松软，在行车作用下，形成局部壅包。

表10-9 波浪壅包病害概况

病害类型	程度	典型照片	说明
波浪壅包	轻		波峰波谷高差小，高差为10~25 mm，损坏按面积计算
	重		波峰波谷高差大，高差大于25 mm，损坏按面积计算

（10）泛油。泛油是路面沥青被挤出或表面被沥青膜覆盖形成发亮的薄油层，损坏按面积计算（表10-10）。其主要由以下原因引起：

①沥青混合料的设计空隙率过小，油石比偏大，在高温季节，沥青受热膨胀，在填满混合料中的空隙后溢出路表面形成泛油。因此，泛油现象的内因是空隙率过小，而诱发的直接外因是高温。

②沥青混合料由于压实度标准偏低或压实度不足，路面开放交通后在重载车辆的再次

压密作用下，沥青混合料内的集料不断嵌挤而空隙率减少，最终使沥青胶浆被挤压到路表面发生泛油。在高温季节，沥青受热体积膨胀，会进一步加剧轮迹带的泛油现象。

③路面积水时在高速行驶的汽车轮胎下形成很高的动水压，这种动水压随车速的提高呈现几何级数增长。当车速较高时，所产生的动水压足以击穿表面层沥青混凝土，进入面层底部；路表水浸入面层内部并长期滞留在沥青层底部，在行车荷载的反复作用和动压水冲刷下，集料表面的沥青膜剥落成为自由沥青，并在水的作用下被迫向上部迁移，从而导致面层上部泛油而底部松散。

④常见的施工不当型泛油的原因有集料离析；混合料中矿料含水率超标；石油或柴油污染基层顶面；施工时改性沥青结合料易聚积在施工机械上，机械碾压过程中这些聚集的沥青从机械上掉落下来，从而导致油斑现象。

表 10-10　泛油病害概况

病害类型	程度	典型照片	说明
泛油			路面沥青被挤出或表面被沥青膜覆盖形成发亮的薄油层

(11)修补。修补按龟裂、坑槽、松散、沉陷、车辙等的修补面积或修补影响面积计算(裂缝修补按长度计算,影响宽度为0.2 m)。长度大于5 m的整车道修复不计为路面修补损坏。修补范围内再次发生的损坏,应按新的损坏类型计算(表10-11)。

表10-11 修补概况

病害类型	程度	典型照片	说明
修补		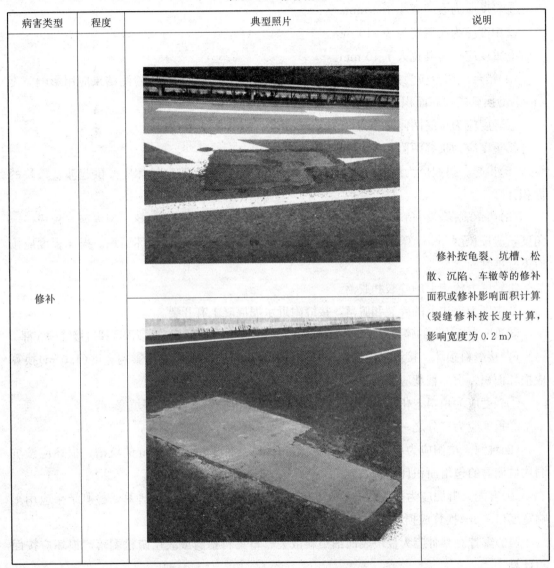	修补按龟裂、坑槽、松散、沉陷、车辙等的修补面积或修补影响面积计算(裂缝修补按长度计算,影响宽度为0.2 m)

2. 水泥混凝土路面损坏分类

(1)破碎板。破碎板应按板块面积计算,损坏程度应按以下标准判断:

①轻度应为板块被裂缝分为3块及以上,破碎板未发生松动和沉陷。

②重度应为板块被裂缝分为3块及以上,破碎板有松动、沉陷和唧泥等现象。

(2)裂缝。裂缝应为板块上只有一条裂缝的情况,应按长度(m)计算。检测结果应用影响宽度(1.0 m)换算成损坏面积。损坏程度应按以下标准判断:

①轻度应为裂缝宽小于3 mm,一般为未贯通裂缝。

②中度应为裂缝宽为 3～10 mm。

③重度应为裂缝宽大于 10 mm。

(3)板角断裂。板角断裂应为裂缝与纵横接缝相交，且交点距板角小于或等于板边长度一半的损坏，应按断裂板角的面积计算。损坏程度应按以下标准判断：

①轻度应为裂缝宽小于 3 mm。

②中度应为裂缝宽为 3～10 mm。

③重度应为裂缝宽大于 10 mm。

(4)错台。错台应为接缝两边出现的高差，应按长度(m)计算。检测结果应用影响宽度(1.0 m)换算成损坏面积。损坏程度应按以下标准判断：

①轻度应为接缝两侧高差为 5～10 mm。

②重度应为接缝两侧高差大于或等于 10 mm。

(5)拱起。拱起应为横缝两侧板体高度大于 10 mm 的抬高，损坏应按拱起涉及板块的面积计算。

(6)边角剥落。边角剥落应为沿接缝方向板边上出现的碎裂和脱落，裂缝面与板成一定角度，应按长度(m)计算。检测结果应用影响宽度(1.0 m)换算成损坏面积。损坏程度应按以下标准判断：

①轻度为板边上的碎裂和脱落。

②中度为板边上的碎裂和脱落，接缝附近水泥混凝土有开裂。

③重度为板边上的碎裂和脱落，接缝附近水泥混凝土多处开裂，开裂深度超过接缝槽底部。

(7)接缝料损坏。接缝料损坏应按长度(m)计算，检测结果应用影响宽度(1.0 m)换算成损坏面积。损坏程度应按以下标准判断：

①轻度应为填料老化，不密水，尚未剥落脱空，被砂、石、土等填塞。

②重度应为三分之一以上接缝出现空缝或被砂、石、土填塞。

(8)坑洞。坑洞应为板面出现直径大于 30 mm、深度大于 10 mm 的坑槽，损坏应按坑洞或坑洞群的包络面积计算。

(9)唧泥。唧泥应为板块接缝处有基层浆涌出，损坏按长度(m)计算。检测结果应用影响宽度(1.0 m)换算成损坏面积。

(10)露骨。露骨应为板块表面细集料散失、粗集料暴露或表层疏松剥落，损坏应按面积计算。

(11)修补。修补应为裂缝、板角断边剥落和坑洞等损坏的修复。块状修补应按面积计算，裂缝类的条状修补应按长度(m)乘以 0.2 m 影响宽度计算。长度大于 5 m 的整车道修复不计为路面修补损坏。修补范围内再次发生的损坏，应按新的损坏类型计算。

二、路面损坏检测及评价方法

1. 路面损坏检测方法

公路路面损坏检测包括自动化检测及人工调查检测。

其中，自动化检测应满足下列要求：

(1)检测指标应为路面破损率(DR)，每 10 m 应计算 1 个统计值。

(2)路面损坏应纵向连续检测，横向检测宽度不应小于车道宽度的 70%。检测设备应能分辨约 1 mm 的路面裂缝，检测数据宜采用机器自动识别，识别准确率应达到 90% 以上。

路面损坏人工调查应满足下列要求：

(1)人工调查的路面损坏类型应满足病害类型分类的规定。同一位置存在多类路面损坏时，应计权重最大的损坏。

(2)各类路面损坏应以 100 m 为单位，按损坏程度，每 100 m 计 1 个损坏，每一个调查单元计算 1 个累计损坏面积。

(3)路面损坏人工调查应包含所有行车道，紧急停车带应按路肩处理。沥青路面和水泥混凝土路面损坏人工调查表的格式见表 10-12 和表 10-13。

表 10-12　沥青路面损坏人工调查表

路线编码名称：		调查方向：		起点桩号：			单元长度：				路面宽度：		
损坏类型	程度	权重 /w_i	单位	百米损坏									累计损坏
				1	2	3	4	5	6	7	8	9	10	
龟裂	轻	0.6	m²											
	中	0.8												
	重	1.0												
块状裂缝	轻	0.6	m²											
	重	1.0												
纵向裂缝	轻	0.6	m											
	重	1.0												
横向裂缝	轻	0.6	m											
	重	1.0												
沉陷	轻	0.6	m											
	重	1.0												
车辙	轻	0.6	m											
	重	1.0												
波浪壅包	轻	0.6	m²											
	重	1.0												
坑槽	轻	0.8	m²											
	重	1.0												
松散	轻	0.6	m²											
	重	1.0												
泛油	—	0.2	m²											
修补	—	0.1	块状 m²											
			条状 m											

表 10-13 水泥混凝土路面损坏人工调查表

损坏类型	程度	权重 w_i	单位	百米损坏										累计损坏
				1	2	3	4	5	6	7	8	9	10	
破碎板	轻	0.8	m²											
	重	1.0												
裂缝	轻	0.6	m²											
	中	0.8												
	重	1.8												
板角断裂	轻	0.6	m²											
	中	0.8												
	重	1.0												
错台	轻	0.6	m											
	重	1.0												
拱起		1.0	m²											
边角剥落	轻	0.6	m											
	中	0.8												
	重	1.0												
接缝料损坏	轻	0.4	m											
	重	0.6												
坑洞	—	1.0	m²											
唧泥	—	1.0	m											
露骨	—	0.3	m²											
修补	—	0.1	块状 m²											
			条状 m											

2. 公路路面损坏评价方法

路面损坏状况按照路面损坏状况指数 PCI 进行计算与评定，PCI 按下式进行计算：

$$\text{PCI} = 100 - \alpha_0 \text{DR}^{\alpha_1} \tag{10-1}$$

$$\text{DR} = 100 \times \frac{\sum_{i=1}^{w} w_i A_i}{A} \tag{10-2}$$

式中 DR——路面破损率，为各种损坏的折合损坏面积之和与路面调查面积之百分比(%)；

A_i——第 i 类路面损坏的面积(m²)；

A——调查的路面面积(调查长度与有效路面宽度之积，m²)；

w_i——第 i 类路面损坏的权重；

α_0——沥青路面为 15.00；

α_1——沥青路面为 0.412；

i——考虑损坏程度(轻、中、重)的第 i 项路面损坏类型。

自动化检测时，A_i 应按下式计算：

$$A_i = 0.01 \times GN_i \tag{10-3}$$

式中 GN_i——含有第 i 类路面损坏的网格数；

0.01——面积换算系数，一个网格的标准尺寸为 0.1 m×0.1 m。

沥青路面和水泥混凝土路面的损坏类型、权重及换算系数见表10-14和表10-15。

表10-14 沥青路面损坏类型、权重及换算系数

类型 i	损坏名称	损坏程度	权重 w_i	换算系数（自动检测）	计量单位
1	龟裂	轻	0.6	1.0	面积 m²
2		中	0.8		
3		重	1.0		
4	块状裂缝	轻	0.6	0.8	面积 m²
5		重	0.8		
6	纵向裂缝	轻	0.6	2.0	长度 m（影响宽度：0.2 m）
7		重	1.0		
8	横向裂缝	轻	0.6	2.0	长度 m（影响宽度：0.2 m）
9		重	1.0		
10	坑槽	轻	0.8	1.0	面积 m²
11		重	1.0		
12	松散	轻	0.6	1.0	面积 m²
13		重	1.0		
14	沉陷	轻	0.6	1.0	面积 m²
15		重	1.0		
16	车辙	轻	0.6	—	长度 m（影响宽度：0.4 m）
17		重	1.0		
18	波浪壅包	轻	0.6	1.0	面积 m²
19		重	1.0		
20	泛油	—	0.12	0.2	面积 m²
21	修补	—	0.1	0.1(0.2)	面积 m²

注：1. 人工调查时，应将条状修补的调查长度(m)乘以影响宽度(0.2 m)换算成面积。
2. 自动化检测时，块状修补的换算系数为0.1，条状修补的换算系数为0.2。

表 10-15　水泥混凝土路面损坏类型、权重及换算系数

类型 i	损坏名称	损坏程度	权重 w_i	换算系数（自动检测）	计量单位
1 3	破碎板	轻 重	0.8 1.0	1.0	面积 m²
4 5	裂缝	轻 中 重	0.6 0.8 1.0	10	长度 m （影响宽度：1.0 m）
6 7	板角断裂	轻 中 重	0.6 0.8 1.0	1.0	面积 m²
8 9	错台	轻 重	0.6 1.0	10	长度 m （影响宽度：1.0 m）
10 11	拱起	—	1.0	1.0	面积 m²
12 13	边角剥落	轻 中 重	0.6 0.8 1.0	10	长度 m （影响宽度：1.0 m）
14 15	接缝料损坏	轻 重	0.4 0.6	6	长度 m （影响宽度：1.0 m）
16 17	坑洞	—	1.0	1.0	面积 m²
18 19	唧泥	—	1.0	10	长度 m （影响宽度：1.0 m）
20	露骨	—	0.3	0.3	面积 m²
21	修补	—	0.1	0.1(0.2)	面积 m² 或长度 m （影响宽度：1.0 m）

注：1. 人工调查时，应将条状修补的调查长度(m)乘以影响宽度(0.2 m)换算成面积。
　　2. 自动化检测时，块状修补的换算系数为0.1，条状修补换算系数为0.2

课题 33　路基技术状况调查

一、路基损坏分类

路基损坏包括路肩损坏、边坡坍塌、水毁冲沟、路基构造物损坏、路缘石缺损、路基沉降及排水不畅。损坏程度评定标准如下。

(1)路肩损坏。沥青路面或水泥混凝土路面的路肩损坏分类应符合路面损坏分类标准。所有损坏均应按面积计算,累计面积不足 1 m² 时按 1 m² 计算。损坏程度应按以下标准判断:

①轻度应包括表 10-1 和表 10-2 规定的所有轻度和中度损坏。

②重度应包括表 10-1 和表 10-2 规定的所有重度损坏。

(2)边坡坍塌。边坡坍塌应为路堤、路堑边坡表面松散及破碎引起的边坡坡面局部坍塌,按处计算。损坏程度应按以下标准判断:

①轻度应为边坡坍塌长度小于或等于 5 m。

②中度应为边坡坍塌长度为 5~10 m。

③重度应为边坡坍塌长度大于 10 m。

(3)水毁冲沟。水毁冲沟应为雨水冲刷形成的冲沟,按处计算。损坏程度应按以下标准判断:

①轻度应为冲沟深度小于或等于 20 cm。

②中度应为冲沟深度为 20~50 cm。

③重度应为冲沟深度大于 50 cm。

(4)路基构造物损坏。路基构造物损坏应为挡墙等砌体出现的表面、局部和结构等损坏,按处计算。损坏程度应按以下标准判断:

①轻度应为勾缝损坏、沉降缝损坏、表面破损、钢筋外露和锈蚀等,每 10 m 计 1 处,不足 10 m 按 1 处计算。

②中度应为局部基础淘空、墙体脱空、轻度裂缝、鼓肚、下沉等,每 10 m 计 1 处,不足 10 m 按 1 处计算。

③重度应为整体开裂、倾斜、滑移、倒塌等。

(5)路缘石缺损。路缘石缺损应为路缘石缺失或损坏,按长度(m)计算。

(6)路基沉降。路基沉降应为深度大于 30 mm 的沉降,按处计算。损坏程度应按以下标准判断:

①轻度应为路基沉降长度小于 5 m。

②中度应为路基沉降长度为 5~10 m。

③重度应为路基沉降长度大于 10 m。

(7)排水不畅。排水不畅应为路基边沟、排水沟、截水沟等排水系统淤塞,按处计算。损坏程度应按以下标准判断:

①轻度应为边沟、排水沟、截水沟等排水系统存在杂物、垃圾,每 10 m 计 1 处,不足 10 m 按 1 处计算。

②中度应为边沟、排水沟和截水沟等排水系统全截面堵塞,出现衬砌剥落、破损、圬工体破裂、管道损坏等,每 10 m 计 1 处,不足 10 m 按 1 处计算。

③重度应为路基排水系统与外部排水系统不连通。

二、路基损坏检测及评价方法

1. 路基损坏检测方法

路基技术状况可采用人工调查和自动化检测方式。

路基各类损坏调查应以 100 m 为单位，按损坏程度，每 100 m 计 1 个扣分，每一个调查单元计算 1 个合并累计扣分。

路基技术状况应按单元 9 规定的损坏类型调查。路基损坏调查表的格式见表 10-16。

表 10-16　路基损坏调查表

路线编码名称：		调查方向：		起点桩号：		单元长度：				路面宽度：			
损坏类型	程度	单位扣分	权重 w_i	计量单位	\multicolumn{9}{c	}{百米扣分}	累计扣分
					1	3	4	5	6	7	8	9	10	
路肩损坏	轻	1	0.10	m²										
	重	2												
边坡坍塌	轻	20	0.25	处										
	中	50												
	重	100												
水毁冲沟	轻	20	0.15	处										
	中	30												
	重	50												
路基构造物损坏	轻	20	0.10	处										
	中	50												
	重	100												
路缘石缺损		4	0.05	m										
路基沉降	轻	20	0.25	处										
	中	30												
	重	50												
排水不畅	轻	20	0.10	处										
	中	50												
	重	100												

2. 路基损坏评价方法

路基技术状况应采用路基技术状况指数(SCI)评定。SCI 应按下式计算。

$$\mathrm{SCI} = \sum_{i=1}^{i_0} w_i (100 - \mathrm{GD}_{isci}) \tag{10-4}$$

式中　GD_{isci}——第 i 类路基损坏的累计扣分，最高扣分为 100，按表 10-17 的规定计算；

　　　w_i——第 i 类路基损坏的权重，按表 10-17 的规定取值；

　　　i——路基损坏类型；

　　　i_0——路基损坏类型总数，取 7。

表 10-17 路基损坏扣分标准

类型 i	损坏名称	程度	单位	单位扣分	权重 w_i	备注
1	路肩损坏	轻	m²	1	0.1	
		重		2		
2	边坡坍塌	轻	处	20	0.25	边坡坍塌为重度且影响交通安全时，该评定单元的 MQI 值应取 0
		中		50		
		重		100		
3	水毁冲沟	轻	处	20	0.15	
		中		30		
		重		50		
4	路基构造物损坏	轻	处	20	0.1	路基构造物损坏为重度时，该评定单元的 SCI 值应取 0
		中		50		
		重		100		
5	路缘石缺损		m	4	0.05	
6	路基沉降	轻	处	20	0.25	
		中		30		
		重		50		
7	排水不畅	轻	处	20	0.1	
		中		50		
		重		100		

课题 34 水泥混凝土路面脱空检测

一、定义

水泥混凝土路面在交通荷载和环境的作用下，会逐渐在板块和基层之间出现空隙，即产生局部脱空。脱空后路面易因受力形式改变，水泥混凝土路面所受作用力无法及时传导至下承层，导致水泥混凝土路面面板断裂、破碎，若不及时处理，在雨水及行车荷载作用下，脱空位置胶结料随雨水冲刷及行车荷载作用逐渐散失，脱空面积逐渐增大，面板易出现大面积断裂，严重影响行车安全性及路面使用寿命。因此，应在日常养护中，对水泥凝土路面进行脱空检测，及时发现问题并进行有效的处置。

二、检测方法及数据处理

水泥混凝土路面脱空检测方法包括落锤式弯沉仪（图 10-5）检测法和贝克曼梁弯沉仪（图 10-6）检测法。

图 10-5 落锤式弯沉仪

图 10-6 贝克曼梁弯沉仪

1. 仪具与材料技术要求

(1)落锤式弯沉仪。落锤式弯沉仪(FWD)由荷载发生装置、弯沉检测装置、控制系统与牵引车等组成,具体要求如下:

①荷载发生装置:重锤的质量及落高根据使用目的与道路等级选择,荷载由传感器测试。如无特殊需要,重锤的质量为(200 ± 10) kg,可产生(50 ± 2.5) kN 的冲击荷载。承载板呈十字对称分开成四部分,且底部固定有橡胶片,直径一般为 300 mm,也可为 450 mm。

②弯沉检测装置:由一个或多个位移传感器组成,位移分辨力不大于 0.001 mm。承载板中心应设有一个位移传感器,其他位移传感器与中心处传感器呈线性布置,一般分布在距离承载板中心 2 500 mm 的范围内。用于反算路面结构层模量时,位移传感器总数应不少于 7 个,且应包括 0 mm、300 mm、600 mm、900 mm 处 4 个位置。

③控制系统:在冲击荷载作用的期间,测量并记录冲击荷载及各个位移传感器所在位置的动态变形。

④牵引车:牵引落锤式弯沉仪(FWD)并安装控制装置的车辆。

(2)贝克曼梁和加载车。

①贝克曼梁：由合金铝制成，上有水准泡，其前臂与后臂长度比为2∶1。贝克曼梁按长度分为5.4 m(3.6 m+1.8 m)梁和3.6 m(2.4 m+1.2 m)梁两种。长度为5.4 m的贝克曼梁适用于各种类型的路面结构回弹弯沉的测试；长度为3.6 m的贝克曼梁适用于柔性基层沥青路面回弹弯沉的测试。本检测采用5.4 m(3.6 m+1.8 m)梁。

②加载车：单后轴、单侧双轮组的载重车，双轮轮隙应能满足自由插入贝克曼梁测头的要求，轴载、轮胎气压等技术参数应符合表10-18的要求。

(3)百分表及表架。

(4)其他：钢卷尺等。

表10-18 加载车的参数要求

后轴标准轴载 P/kN	100±1
单侧双轮荷载/kN	50±0.5
轮胎气压/MPa	0.7±0.06
单轮传压面当量圆面积/mm²	(3.56±0.20)×10⁴

2. 检测方法

(1)落锤式弯沉仪法(FWD)。

①准备工作。

a. 收集水泥路面材料、结构、厚度等路面资料信息。

b. 确定测试桩号，并标识测点位置。当测试板角或板边位置时，承载板边缘应距纵、横缝不大于200 mm；当测试板中位置时，承载板中心与板中距离偏差应不大于200 mm。

c. 清扫水泥路面，使测试点位置无明显砂粒、积泥。

d. 脱空测试应避开晴天正午前后温度较高及显著负温度梯度(夜晚或清晨)时段，宜选择在早晚板块上下表面温差较小时段，或者凉爽多云、阴天温差变化不大的天气进行测试。

②测试步骤。先检测测试位置的弯沉。采用截距值判定板底脱空时，应测试板角弯沉，并对同一测点施加3级荷载进行测试。采用弯沉比值判定板底脱空时，应采用同一恒定荷载对板角、板中和板边进行弯沉测试。

(2)贝克曼梁弯沉仪法。

①指挥测试车使其后轮摆放于要求测点处。当测试板角或板边位置时，后轴轮胎外侧边缘应距离纵缝100~200 mm。

②当只测试受荷板的板角弯沉时，可将贝克曼梁测头放置于距接缝50~100 mm处，贝克曼梁的支座与测点不应在同一块板上。

③安放百分表于弯沉仪的测定杆上，用手指轻轻叩打弯沉仪，检查百分表能否稳定回位。百分表回位稳定后，记录初始读数 L_1，精确至0.01 mm。

④测试者发令指挥汽车以5 km/h左右的速度缓缓前进，驶离测试混凝土板块，待表针回转稳定后，读取终读数 L_2，精确至0.01 mm。

⑤承载车向前移动至下一个测点，重复上述步骤①~④进行测试。

3. 数据处理

(1)落锤式弯沉仪法。当采用落锤式弯沉仪进行脱空测试时，可采用截距值法和弯沉比值两种测试方法之一进行脱空判定，具体计算方法如下：

①通过落锤式弯沉仪测试出不同荷载等级的弯沉值，按照线性回归统计方法，计算得到下式中的回归系数a、b。

$$W=aP+b \tag{10-5}$$

式中　W——弯沉值(0.001 mm)；

　　　P——荷载值(kN)；

　　　a——回归曲线斜率；

　　　b——回归曲线截距值。

当测点的线性回归截距值b大于 50 μm 时可判定为脱空。

②通过落锤式弯沉仪测试出水泥混凝土板块不同位置的弯沉值，按下式计算弯沉比值λ_1、λ_2。

$$\lambda_1 = W_{板角}/W_{板中}$$
$$\lambda_2 = W_{板边}/W_{板中} \tag{10-6}$$

式中　λ_1——板角弯沉/板中弯沉的比值；

　　　λ_2——板边中点弯沉/板中弯沉的比值；

　　　$W_{板角}$——水泥混凝土板角处弯沉值(0.001 mm)；

　　　$W_{板边}$——水泥混凝土板边中处弯沉值(0.001 mm)；

　　　$W_{板中}$——水泥混凝土板中处弯沉值(0.001 mm)。

采用落锤式弯沉仪分别测试同一板块板中、板边中点和板角位置的弯沉，当$\lambda_1>3.0$且$\lambda_2>2.0$时可判定为脱空。

(2)贝克曼梁弯沉法。路面测点的回弹弯沉值按下式计算：

$$L_t=(L_1-L_2)\times 2 \tag{10-7}$$

式中　L_t——路面回弹弯沉值(0.01 mm)；

　　　L_1——百分表的初读数(0.01 mm)；

　　　L_2——百分表的终读数(0.01 mm)。

采用单点弯沉测值进行脱空判定时，若弯沉值大于 0.2 mm，可判定为该处脱空。

单元小结

本单元主要阐述了路基路面损坏检测的内容。在本单元学习中，应着重掌握不同路基路面损坏的类型分类、检测方法及评价方法；特别是沥青路面及水泥混凝土路面病害的分类评定标准，以及路面技术状况评定方法；路基病害分类评定标准及其技术状况评定方法。同时，掌握水泥混凝土路面错台、路面车辙、水泥混凝土路面脱空的检测方法及数据处理方法；了解不同损坏的不同类型检测方法，能够理解不同检测方法的区别，掌握检测方法的要点及数据处理方法。

思考与习题

1. 路面错台检测方法有哪些？简述各检测方法的检测过程。
2. 沥青路面车辙检测方法有哪些？简述各检测方法的检测过程。
3. 沥青路面车辙检测中对基准检测宽度有什么要求？
4. 横断面尺检测中每隔多远测一点？
5. 用横断面尺法检测路面车辙时应当量取基准尺底面与路面之间的最低高差，是否正确？
6. 沥青路面车辙检测数据应当如何处理以作为测试路段的最终检测结果？
7. 沥青路面及水泥混凝土路面损坏类型各是什么？分别有几种类型？各类型的严重程度如何评定？哪些损坏类型的严重程度被分为轻、中、重三种？
8. 路面损坏检测指标是什么？统计值应以多少为间隔进行统计？
9. 路面损坏检测分为哪两种检测方法？两种检测方法的不同点是什么？
10. 路面损坏计算方法是什么？其计算指标称为什么？
11. 路基损坏有哪些类型？如何对各类型的严重程度进行评定？
12. 路基损坏计算方法是什么？其计算指标称为什么？
13. 水泥混凝土路面脱空检测方法都有哪些？其区别在哪里？
14. 脱空检测结果不同，检测方法的处理方式会有何不同？
15. 落锤式弯沉仪检测路面脱空时，线性回归截距值 b 大于多少时即为脱空？
16. 采用落锤式弯沉仪分别测试同一板块板中、板边中点和板角位置的弯沉，当 λ_1、λ_2 同时满足什么条件时可判定为脱空？
17. 采用单点弯沉测值进行脱空判定时，当弯沉值大于多少时可判定为该处脱空？

单元 11　路面技术状况自动化检测

课题 35　车载式设备检测路面平整度、车辙、构造深度

随着检测设备的迅速发展，路面平整度、车辙、磨耗可通过车载式设备进行检测。其是将平整度、车辙、磨耗检测设备集成于移动式检测车上，通过设备的自动化采集、输出及评定，从而完成检测工作。道路智能检测车适用于国、省干线公路路面检测、城市道路路面检测和农村公路检测，如图 11-1 所示。

课件：路面技术状况自动化检测

图 11-1　道路智能检测车

一、设备的操作

1. 清洁

(1)开始检测前，需先进行设备清洁，清洁前务必确保设备电源处于关闭状态。

(2)清洁需采用专业镜头纸，分别擦拭平整度激光的两个镜口、车辙激光的出光口和车辙相机的镜头口。

2. 系统供电

系统供电采用连接原设备供电处的 220 V 交流电。通常有直连外接 220 V 交流供电或经汽油发电机发电后通过 UPS 获得的交流电。

待发电机开启后 60 s，电压稳定后再准备开启设备和工控机。

3. 准备工作

(1)检查道路智能检测车的各传感器。

(2)检查承载车轮胎气压,应达到车辆轮胎规定的标准气压,车胎应清洁,不得黏附杂物。

(3)现场安装距离测量装置,应确保机械紧固装置安装牢固,螺栓无松动。

(4)检查道路智能检测车各部分应符合测试要求,不应有破损。

(5)打开系统电源,启动控制程序,检查各部分的工作状态。

4. 测试步骤

(1)测试开始前应让承载车以测试速度行驶 5~10 km,按照规定的预热时间对道路智能检测车预热。

(2)承载车停在测试起点前 50~100 m 处,启动测试系统程序,按照测试路段的现场技术要求设置完毕所需的测试状态。

(3)驾驶员应按照要求的测试速度范围驾驶承载车,宜为 50~80 km/h,避免急加速和急减速,急弯路段应放慢车速,沿正常行车轨迹驶入测试路段。

(4)进入测试路段后,测试人员启动系统的采集和记录程序,在测试过程中必须及时、准确地将测试路段的起点、终点和其他需要特殊标记的位置输入测试数据记录。

(5)当承载车辆驶出测试路段后,测试人员停止数据采集和记录,并恢复仪器各部分至初始状态。

(6)检查测试数据文件应完整,内容应正常,否则需要重新测试。

(7)关闭系统电源,结束测试。

二、数据处理

道路智能检测车上的激光平整度仪采集的数据是路面相对高程值,以表征路面平整度,设备采集参数为国际平整度指数(IRI),以"m/km"计,每 10 m 应计算 1 个统计值,并储存于系统硬盘中。

道路智能检测车采集路面磨耗数据时,其检测指标为路面构造深度(MPD),检测位置为车道的左轮迹带、右轮迹带和无磨损的车道中线。每 10 m 计算 1 个统计值,并储存于系统硬盘中。

道路智能检测车采集路面车辙数据时,其检测指标为路面车辙深度(RD),每 10 m 计算 1 个统计值,并储存于系统硬盘中。

课题 36 单轮式横向力系数测试系统检测路面抗滑性能

我国高等级公路交通流量大,行车速度快,行车安全尤为重要。因此,对路面抗滑能力的要求也随之提高。全国很多省市公路工程质量监督单位及公路管理部门都将路面横向力系数列为路面验收评价和养护管理的重要指标。

单轮式横向力系数测试车的主要功能是检测路面的横向力系数,是验收及养护检测路面横向力最有效的手段。其优点是检测的数据由计算机采集,数据准确;检测效率高,每小时可以检测 50 km,不影响正常交通流;避免人工路面作业,人员安全性高。

单轮式横向力系数测试车由汽车底盘、数据采集处理系统、检测机构、供水系统及附属部分组成(图 11-2)。各部分协调一致达到完成采集路面抗滑性能数据的功能。

图 11-2 单轮式横向力系数测试车

汽车底盘是仪器的载体,所有机构装置均安置于汽车底盘之上。测量机构由与检测车辆前进方向成 20°的测试轮、测试轮配重及直线轴承、升降装置组成。供水系统包括水罐、水泵、水路,它的功能是湿润测试轮前方一定宽度的路面,以形成一条纵向湿润带(水膜厚度大于 0.1 mm)。在进行横向力测试时,测试轮放置于路面上,由装载车带动向前行驶,轮胎垂直荷载 200 kg,因为测试轮与车辆前进方向成 20°,所以就会产生一个横向力,这个横向力通过拉力传感器转变成为模拟信号传递给数据采集系统,再由数据采集系统处理成需要的横向力系数(SFC)值。

一、设备的操作

1. 准备工作

(1)每个测试项目开始前或连续测试超过 1 000 km 后应按照规定的方法进行系统应力传感器的标定,记录下标定数据并存档。

(2)检查测试车轮胎气压,应达到车辆轮胎规定的标准气压。

(3)检查测试轮胎磨损情况,当其直径比新轮胎减小达 6 mm(也即胎面磨损 3 mm)以上或有明显损伤或裂口时,必须更换新轮胎。新更换的新轮胎在正式测试前应试测约 2 km。

(4)检查测试轮气压,应达到(3.5 ± 0.2) kg/km^2 的要求。

(5)检查测试轮固定螺栓必须拧紧。将测试轮放到正常测试时的位置,检查其应能够沿两侧滑柱上、下自由升降。

(6)根据测试里程向水罐加注足够用量的清洁测试用水。

(7)当出水控制为固定式开关时,需将开关设置在对应的测试速度位置,放下测试轮并检查洒水口出水情况和洒水位置;洒水位置应在测试轮接触地面中点沿行驶方向前方(400 ± 50) mm 处,洒水宽度应为中心线两侧各不小于约 75 mm。

(8)启动控制单元,检查各项功能和技术参数选择状态均应正常。

2. 测试步骤

(1)正式开始测试前首先应按规定的时间要求启动控制单元进行通电预热。

(2)进入测试路段前,测试人员设置所需的系统技术参数,并将测试轮胎至少提前 500 m 降至路面上进行预跑。

(3)进入测试路段后,驾驶员应保持较为均匀的行车速度,并沿正常行车轨迹行驶。当为固定出水控制方式时,行驶最高速度不得超过出水开关事先设置的所对应的速度。

(4)测试过程中,测试人员应及时、准确地将测试路段需要标记的起点、终点和其他特殊点的位置输入测试数据记录。

(5)承载车驶出测试路段后,测试人员停止测试程序,提升起测量轮并恢复仪器各部分至初始状态。

(6)检查数据文件内容应完整正常,否则需要重新测试。

(7)关闭测试系统电源,结束测试。

二、数据处理

1. SFC 值的速度修正

以测试结果使用时所需的速度作为标准测试速度,其他测试速度条件下得到的 SFC 值应通过下式转换至标准速度下的等效 SFC 值。

$$\text{SFC}_{标}=\text{SFC}_{测}-0.22(v_{标}-v_{测}) \tag{11-1}$$

式中 $\text{SFC}_{标}$——标准测试速度下的等效 SFC 值;

$\text{SFC}_{测}$——现场实际测试速度条件下的 SFC 测试值;

$v_{标}$——标准测试速度(km/h);

$v_{测}$——现场实际测试速度。

2. SFC 值的温度修正

测试系统的标准现场测试地面温度范围为(20 ± 5) ℃,其他地面温度条件下测试的 SFC 值必须通过表 11-1 转换至标准温度下的等效 SFC 值。系统测试要求控制为 8 ℃~60 ℃的地面温度范围。

表 11-1　SFC 值温度修正

温度/℃	10	15	20	25	30	35	40	45	50	55	60
修正	−3	−1	0	+1	+3	+4	+6	+7	+8	+9	+10

以上速度及温度修正测试车已通过系统程序根据现场检测速度及温度进行了修正，之后再将数据输出并储存于硬盘中，数据中应注明相关修正信息。

课题 37　自动弯沉仪测定路面回弹弯沉

弯沉是表征路面承载能力的重要指标，采用自动弯沉仪可测定沥青路面的总弯沉，以评价沥青路面的承载能力，以供路面工程质量验收及定期检测评定使用。自动弯沉仪不适用于有严重坑槽、车辙等病害，不具备正常通车条件路面的弯沉测试。自动弯沉仪如图 11-3 所示。

图 11-3　自动弯沉仪

自动弯沉仪由承载车、测量机架及控制系统、位移、温度和距离传感器、数据采集与处理系统等基本部分组成。

一、设备的操作

1. 准备工作

(1)检查并保持承载车的车况及制动性能良好，轮胎气压应该符合(0.7±0.05) MPa 的要求。

(2)如果承载车因改装等原因改变了后轴载，应检查设备承载车轮载，确保符合表 11-2 的要求。

表 11-2 加载车的参数要求

后轴标准轴载/kN	100±1
单侧双轮荷载/kN	50±0.5
轮胎气压/MPa	0.7±0.05
单轮传压面当量圆面积/mm²	(3.56±0.20)×10⁴

(3)检查测量机架的易损部件情况，及时更换损坏部件。

(4)打开设备电源进行检查，控制面板功能键、指示灯、显示器等应正常。

(5)每次测试之前应进行位移传感器的标定，记录标定数据并存档。

(6)开动承载车试测 2~3 个步距，确保测量系统正常运行。

(7)当在沥青路面上测试时，通过气象台了解前 5 d 的平均气温(日最高气温与最低气温的平均值)。

(8)记录沥青路面结构层材料类型、设计厚度、横坡等情况。

2. 测试步骤

(1)通电预热测试系统。

(2)开启工程警灯和导向标等警告标志，在测试路段前 20 m 处将测量机架放落在路面上。

(3)按照测试路段的现场技术要求设置所需的测试状态参数。

(4)缓慢加速承载车到测试速度，一般应控制在 3.5 km/h 以内。当实际采用的现场测试速度超出此范围时，应进行设备的相关性试验对测试结果进行修正。承载车沿正常行车轨迹驶入测试路段，开始测试。在测试过程中，根据承载车实际到达的位置，将测试路段起终点、桥涵等特征位置的桩号输入记录数据。同时，应测量并记录路表温度。

(5)当承载车驶出测试路段后，停止数据采集和记录，并缓慢停止承载车，提起测量机架。

(6)检查数据文件的完整性，确保测试内容正常，否则需要重新测试。

(7)关闭测试系统电源，结束测试。

二、数据处理

(1)自动弯沉仪采集路面弯沉盆峰值为路面总弯沉。左臂测值、右臂测值按单独弯沉处理。

(2)按照规定，对弯沉值进行温度修正。

(3)当路面横坡不超过 4% 时，不进行横坡修正；当横坡超过 4% 时，横坡修正按照表 11-3 的规定进行。

表 11-3 弯沉值横坡修正

横坡范围	高位修下系数	低位修正系数
>4%	$\dfrac{1}{1-i}$	$\dfrac{1}{1+i}$

注：i 是路面横坡(%)

课题 38　落锤式弯沉仪测定弯沉值

采用落锤式弯沉仪(FWD)可测试路表在冲击荷载作用下产生的瞬时变形,即动态弯沉,以便评价路基路面承载能力,如图 11-4 所示。

图 11-4　落锤式弯沉仪(FWD)

落锤式弯沉仪(FWD)由荷载发生装置、弯沉检测装置、控制系统与牵引车等组成,具体要求如下:

(1)荷载发生装置:重锤的质量及落高根据使用目的与道路等级选择,荷载由传感器测试。如无特殊需要,重锤的质量为(200±10) kg,可产生(50±2.5) kN 的冲击荷载。承载板呈十字对称分开成四部分,且底部固定有橡胶片,直径一般为 300 mm,也可为 450 mm。

(2)弯沉检测装置:由一个或多个位移传感器组成,位移分辨力不大于 0.001 mm。承载板中心应设有一个位移传感器,其他位移传感器与中心处传感器呈线性布置,一般分布在距离承载板中心 2 500 mm 的范围内。用于反算路面结构层模量时,位移传感器总数应不少于 7 个,且应包括 0 mm、300 mm、600 mm、900 mm 处 4 个位置。

(3)控制系统:在冲击荷载作用的期间,测量并记录冲击荷载及各个位移传感器所在位置的动态变形。

(4)牵引车:牵引落锤式弯沉仪(FWD)并安装控制装置的车辆。

一、设备的操作

1. 准备工作

(1)调整重锤的质量及落高,使重锤的质量及产生的冲击荷载符合(50±2.5) kN 的要求。

(2)检查落锤式弯沉仪(FWD)的车况及使用性能,确保其功能正常。

(3)将落锤式弯沉仪(FWD)牵引至测试地点,牵引落锤式弯沉仪(FWD)行驶的速度不宜超过 50 km/h。

(4)开启落锤式弯沉仪(FWD),对传感器进行标定。

2. 测试步骤

(1)将落锤式弯沉仪(FWD)牵引至测试路段起始位置,输入测试位置信息,设定好状态参数。

(2)将承载板中心位置对准测点,测点一般布置在车道轮迹带处。落下承载板,放下弯沉检测装置的各传感器。

(3)启动荷载发生装置,落锤即自由落下,冲击力作用于承载板上,又立即自动提升至原来位置固定。同时,记录荷载数据,各个位移传感器测量并记录路表变形数据,变形峰值即为弯沉值。每个测点重复测试应不少于3次。

(4)提起传感器及承载板,牵引车向前移动至下一个测点,重复上述(2)~(3)步骤,完成测试路段的测试。

二、数据处理

舍去承载板中心位移传感器的首次测值,计算其后几次测值的平均值作为该点的弯沉值。

按照《公路沥青路面设计规范》(JTG D50—2017)的规定,对弯沉值进行温度修正。需要计算一个测试路段的弯沉平均值、标准差及代表值。

课题 39 雷达测定路面厚度

路面面层厚度可采用短脉冲雷达测定,其测试结果可供道路施工过程质量控制、质量评定及既有道路调查使用,但不适用于潮湿路面或用富含铁矿渣集料等介电常数较高的材料铺筑的路面,如图 11-5 所示。

短脉冲雷达测试系统由承载车、发射天线、接收天线和控制单元等组成。

测试系统技术要求和参数如下:

(1)距离标定误差不大于 0.1%。

(2)最小分辨层厚不大于 40 mm。

图 11-5 短脉冲雷达

(3)系统测量精度技术要求见表 11-4。

(4)天线:采用空气耦合方式,带宽能适应所选择的发射脉冲频率。

表 11-4 系统测量精度技术要求

测量深度	测量误差允许范围
$H<100$ mm	±3 mm
$H\geqslant 100$ mm	$\pm(3\%H)$ mm

一、设备的操作

1. 准备工作

(1)测试前应收集设计图纸、施工配合比等资料,以合理确定标定路段。

(2)按要求进行距离标定。

(3)将天线安装牢固,用连接线连接主机,并按要求开机预热。

(4)将金属板放置在天线正下方,启动控制软件,完成测试系统标定。

(5)根据不同的测试目的,设置控制软件的采样间隔、时间窗、增益等参数。

2. 测试步骤

(1)开启安全警示灯,将天线正下方对准起点,启动软件测试程序,缓慢加速承载车到正常测试速度。

(2)在测试过程中,操作人员应标记测试路段内的桥梁、隧道等构造物的起终点。

(3)在测试过程中,承载车每隔一定距离应完全停下,在采集软件上做标记,雷达图像应界面清晰、容易辨识且没有突变,同时在地面上找出雷达天线中心所对应的位置,做好标记;在标记处钻取芯样并量测芯样高度;将现场钻取的芯样高度与雷达采集软件的结果进行对比,得出芯样的波速;将该标定路段的芯样波速平均值输入测试程序;每个波速标定路段钻芯取样位置应均匀分布,取样间距不宜超过 5 km,芯样数量应足以保证波速标定结果的代表性和准确性。

(4)当承载车到达测试终点后,停止采集程序。

(5)操作人员检查数据文件,文件应完整,内容应正常,否则应重新测试。

(6)关闭测试系统电源,结束测试。

二、数据处理

由雷达波识别软件自动识别各层分界线,得到雷达波在各层中的双程走时 Δ_t。根据该双程走时及电磁波在路面材料中的传播速度,按照下式计算面层厚度。

$$T = v \times \frac{\Delta_t}{2} \tag{11-2}$$

式中 T——面层厚度(mm);

v——电磁波在路面材料中的传播速度(mm/ns);

Δ_t——雷达波在路面面层中的双程走时(ns)。

单元小结

随着检测技术的更迭,路面检测技术逐渐向自动化检测发展。相对原有检测技术,自动化检测效率高、精度准、安全性高，不需耗费大量人力，节约资源。本单元主要讲解了不同检测参数所采用的自动化检测设备。如采用道路智能检测车在 50~80 km/h 的速度下，可检测路面的平整度、车辙、构造深度；采用单轮式横向力系数测试系统在 50 km/h 的速度下，可检测路面抗滑性能，以评价路面的安全性；采用自动弯沉仪及落锤式弯沉仪可检测沥青路面的弯沉值，以表征沥青路面的承载能力；采用短脉冲雷达可检测路面的厚度，避免钻芯取样检测厚度对路面的结构性造成损坏，且可对全路段的厚度进行检测，检测面更广，对路面铺筑质量的把控更为有效。

▶ 思考与习题

1. 道路智能检测车可检测哪些参数？
2. 道路智能检测车在检测前应做哪些准备？检测速度是多少？
3. 道路智能检测车各检测参数每隔多远应计算 1 个统计值？
4. 单轮式横向力系数测试车是检测哪个参数的设备？
5. 单轮式横向力系数测试车测试速度是多少？测试数据如何进行温度及速度的修正？
6. 单轮式横向力系数测试车测试轮的胎压是多少？当测试轮胎磨损到多少时需要更换？
7. 弯沉值检测可使用哪两个设备？
8. 自动弯沉仪的轮胎气压要求是多少？测试速度是多少？
9. 自动弯沉仪温度超过多少或横坡超过多少时需要进行修正？
10. 落锤式弯沉仪的重锤需产生多少的冲击荷载？每个测点应重复测试多少次？
11. 短脉冲雷达能否用于潮湿路面或用富含铁矿渣集料铺筑的路面？
12. 短脉冲雷达最小分辨层厚度为多少？

单元12　沥青混合料面层施工质量控制

课题40　热拌沥青混合料施工温度检测

一、方法简介

热拌沥青混合料的施工温度，包括出厂温度、摊铺温度、碾压温度等。沥青混合料的施工温度直接关系到沥青路面的施工质量，所以，是施工质量管理的重点项目之一。

本方法适用于采用插入式温度计或非插入式温度计测试热拌、温拌沥青混合料的施工温度，包括拌合厂沥青混合料的出厂温度，施工现场摊铺、碾压时混合料的温度等。其中，非插入式温度计法主要用于施工过程中的控制，不作为仲裁试验适用。

课件：沥青混合料面层施工质量控制

二、仪具设备

本方法需要下列仪具与材料：

(1)插入式温度计：量程为300 ℃，分度值为1 ℃，宜采用有数字式或度盘式的金属杆插入式热电偶温度计，测杆的长度不小于300 mm，并有读数留置功能，也可以采用煤油等玻璃温度计。

(2)非插入式温度计：红外温度计或红外摄像仪，分辨力为1 ℃。

(3)其他仪具与材料：棉纱、软布、螺钉旋具等。

三、测试方法与步骤

1. 在运料卡车上测试

(1)混合料出厂温度或运输至现场温度应在运料卡车上测试，每车检测一次。当运料卡车的侧面中部有专用的温度测试孔(距底板高约300 mm)时，可用插入式温度计直接插入测试孔内的混合料中测试；当运料卡车无专用温度测试孔时，可在运料车的混合料堆上部侧面采用插入式温度计测试。在拌合厂检测的为混合料出厂温度，运输至现场后检测的为现场温度。

(2)测试时,温度计插入深度不小于 150 mm,注视温度变化直至不再继续上升,读记温度,准确至 1 ℃。

2. 在摊铺现场检测

(1)混合料摊铺温度宜在摊铺机的一侧拨料器前方的混合料堆上测试。在测试位置将温度计插入混合料堆内 150 mm 以上,并跟着向前走,如料堆前滚,拔出后重新插入,注视温度变化直至不再继续上升,读记温度,准确至 1 ℃。

(2)在摊铺过程中,运输车向摊铺机卸料时,可以采用红外摄像仪测试整个料车中的温度场,采用温度场图片形式保存数据,同时记录最高温度和最低温度,并计算最大温差,准确至 1 ℃。

(3)摊铺温度应每车测试一次。

3. 在沥青混合料碾压过程中测试压实温度

根据需要,随时选择初压开始、复压或终压成形等各个阶段的测点,测试碾压过程中的沥青混合料温度。

(1)插入式温度计法。将插入式温度计仔细插入路面混合料压实层一半深度处,轻轻压紧温度计旁被扰动的混合料,注视温度计变化至不再继续上升,读记温度,准确至 1 ℃。当温度计完成读数之后,立即拔出并再次插入下一个测点处的混合料。当温度计插入路面混合料较困难时,可用螺钉旋具先插一孔后再插入温度计。当温度较低且混合料较硬时,不宜用玻璃温度计或玻璃触头的半导体点温计测试。

(2)非插入式温度计法。采用非插入式温度计红外温度计测试单个表面温度,此时测试温度一般用作施工单位自检或施工过程控制。测温时,需要直接对准测量的沥青混合料表面连续测试 3 次以上,直至最后 3 次温度差值不大于 1 ℃,读记最后一次测试温度,准确至 1 ℃。

(3)红外摄像仪法。采用红外摄像仪测试一个区域内的表面温度,此时,测试温度一般用作施工过程控制。测试时,采用红外摄像仪对准测试的区域,摄像保存,采用温度场图片形式保存数据,同时记录最高温度和最低温度,并计算最大温差,准确至 1 ℃。

4. 计算

压实温度一处测试不得少于 3 个测点,取平均值作为测试温度。对于红外摄像仪法,则是一个区域测试一次。

课题 41 沥青喷洒法施工沥青用量测试方法

一、方法简介

本方法适用于采用受样盘法或地磅法测试沥青表面处治、封层、沥青贯入式、透层、粘层等采用喷洒法施工的沥青用量或撒布的碎石用量。

二、仪具与材料技术要求

本方法需要下列仪具与材料：

(1)天平：分度值不大于1 g。

(2)受样盘：金属盘，面积不小于1 000 cm²，深度不小于10 mm。

(3)钢卷尺或皮尺。

(4)地磅。

(5)纸、布等阻溅物，防止沥青材料飞溅出受样盘。

三、测试方法与步骤

1. 受样盘法

(1)用钢卷尺测量受样盘开口面积，计算准确至0.1 cm²，在受样盘表面放置纸或布等阻溅物，并称取其与受样盘的质量m_1，准确至1 g。

(2)根据预计洒布沥青(撒布碎石)路段长度，在距离两端1/3长度处、沿宽度方向的任意位置上，放置受样盘，但应避开沥青洒布车(碎石撒布车)的车轮位置。

(3)沥青洒布车(碎石撒布车)按正常施工速度和洒布(撒布)方法喷洒沥青(撒布碎石)。

(4)观察沥青材料(碎石材料)下落到受样盘时是否有飞溅出的现象，如果有则采取措施重新试验。

(5)当沥青材料(碎石材料)没有飞溅损失时，将已接收有沥青(碎石)的受样盘仔细取走，称取总质量m_2，准确至1 g。

(6)受样盘取走后的空白处，应用适当方式补洒沥青(碎石)。

2. 地磅法

(1)洒布车喷洒沥青(撒布车撒布碎石)前，用地磅准确称量洒布车(撒布车)及材料总质量m_3。

(2)根据预计洒布沥青(撒布碎石)路段长度，均匀洒布沥青(撒布碎石)，由皮尺准确测量喷洒(撒布)的长度和宽度，计算喷洒(撒布)总面积，精确至1 m²。

(3)洒布车喷洒(撒布车撒布)后，用地磅再次准确称量洒布车(撒布车)及材料总质量m_4。

3. 计算

(1)采用受样盘法时，洒布沥青(撒布碎石)用量按下式计算：

$$Q=\frac{m_2-m_1}{1\ 000A_1} \tag{12-1}$$

式中 Q——洒布的沥青用量(撒布的碎石用量)(kg/m²)；

m_1——受样盘和阻溅物的质量(g)；

m_2——受样盘、阻溅物及沥青(碎石)的合计质量(g)；

A_1——受样盘的面积(m^2)。

(2)采用地磅法时,洒布沥青用量(撒布碎石用量)按下式计算:

$$Q=\frac{m_3-m_4}{1\,000A_2} \tag{12-2}$$

式中 m_3——洒布车(撒布车)喷洒(撒布)前的总质量(kg);

m_4——洒布车(撒布车)喷洒(撒布)后的总质量(kg);

A_2——喷洒(撒布)的总面积(m^2)。

平行测试两次,取两次测试值的算术平均值作为洒布沥青用量(撒布碎石用量)的试验结果。当两个测试值之差超过平均值的10%时,需要重新测试。

课题42 透层油渗透深度测试方法

一、方法简介

本方法适用于采用钢板尺测试透层油的渗透深度,以评价透层油的渗透效果。

二、仪具与材料技术要求

本方法需要下列仪具与材料:

(1)路面钻芯机:手推式或车载式,配有淋水冷却装置。钻头直径为100 mm或150 mm。

(2)凿子、螺钉旋具。

(3)基板:用薄钢板制作的金属方盘,盘的中心有一圆孔,其规格同挖坑灌砂法中用的基板。

(4)钢板尺:量程不大于200 mm,最小刻度为1 mm。

(5)填补钻孔材料:与基层材料相同。

(6)填补钻孔用具:夯、锤等。

(7)其他仪具与材料:毛刷、量角器、棉布、大金属盘等。

三、测试方法与步骤

1. 准备工作

(1)对于有结合料材料。在透层油渗透稳定后,在测试路段内随机选取芯样位置,按照《公路路基路面现场测试规程》(JTG 3450—2019)T 0903规定的方法钻取芯样。芯样直径为100 mm或150 mm,芯样高度宜不小于50 mm。

(2)对于无结合料材料。在透层油渗透稳定后,在测试路段内随机选取一点,将基板放在基层表面上，沿基板中孔凿孔，深度不小于 50 mm。在凿孔过程中，随时将凿松的材料取出，装入大金属盘。

2. 测试步骤

(1)对于有结合料材料。

①用水和毛刷(或棉布等)轻轻地将芯样表面黏附的粉尘除净。

②将芯样晾干，使其能分辨出芯样侧立面透层油的下渗情况。

③用钢板尺或量角器将芯样顶面圆周平均分成八等份，分别量测圆周上各等分点处透层油渗透深度，估读至 0.5 mm。

(2)对于无结合料材料。

①用手轻轻将凿孔内壁的碎石清除，用毛刷(或棉布等)轻轻清理。

②沿圆周按均匀间距八等分位置分别量测透层油渗透的深度，估读至 0.5 mm。

3. 填补钻孔、凿孔

(1)对于有结合料材料。清理孔中残留物，钻孔时留下的积水应用棉布吸干。采用与基层相同的材料进行填补并用夯、锤击实。

(2)对于无结合料材料。清理孔中残留物，直接采用大金属盘中的材料进行填补并用夯、锤击实。填充材料不够时，采用与基层相同的材料，适当加水进行人工拌和后填补，并用夯、锤击实。

4. 计算

去掉渗透深度测试值中 3 个最小值，计算其他 5 个渗透深度测试值的算术平均值，作为单个测点的渗透深度结果。

课题 43 层间黏结测试方法

一、方法简介

本方法适用于采用拉拔仪或扭剪试验仪测试和评价封层、黏层、透层及防水层(以下统称黏结层)与沥青混凝土层、水泥混凝土层、桥面板(以下统称为结构层)等两种不同材料之间的层间黏结强度；也可以评价结构层—黏结层—结构层的黏结强度。

二、仪具与材料技术要求

本方法需要下列仪具与材料：

(1)拉拔仪。

①拉拔仪主机：室内外能按照规定拉伸速度拉伸试件，拉伸时无明显振动和偏心的拉拔仪均可使用。拉伸速率为 25 kPa/s±15 kPa/s。

②拉头：用于黏结在测试路面或试件表面，便于施加拉力；采用不锈钢或黄铜制作，直径一般为 100 mm±0.1 mm，也可根据测试要求选择相应的尺寸的拉头。

(2)扭剪试验仪。

①扭矩计：一般扭矩计，配备一个扭杆，同时配备一个扭矩读盘，显示最大扭矩，扭矩范围为 0～350 N·m，准确至 10 N·m。设备应配备插槽，插槽能够允许安装和移除。

②扭剪盘：用于黏结在测试路面或试件的表面，便于安装扭矩计，并施加扭矩采用低碳钢制作，直径为 95 mm±5 mm，厚度为 14 mm±2 mm。

(3)温度计：分辨力为 0.1 ℃。

(4)量尺：钢尺、游标卡尺等。

(5)秒表：精确到 1 s。

(6)胶粘剂：将拉头等黏结在测试路面或试件表面，如快凝性环氧树脂等。

(7)钻芯机：直径为 100 mm 或 200 mm。

(8)其他仪具与材料：刮刀等。

三、拉拔试验方法与步骤

1. 准备工作

(1)试验前，施工的材料应充分养护。根据现场情况，随机选择测试点，并在现场标注。测试、记录测点表面温度。

(2)当进行结构层—黏结层的层间黏结强度试验时，安装拉头、切割环槽如图 12-1 所示。先用游标卡尺测量拉头直径，准确至 0.1 mm。清理试验点表面，将拉头底部涂布一层胶粘剂，并快速黏附在需测试点表面。待胶粘剂涂布后应养护，完全固化后，用刀具沿拉头边缘小心切割一个环槽，深度至下卧层顶面。

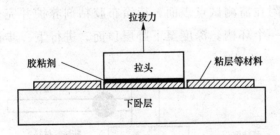

图 12-1 结构层—黏结层的层间黏结强度试验结构示意

(3)当进行结构层—黏结层—结构层的层间黏结试验时，选择直径为 100 mm 标准拉头的小拉拔仪，如图 12-2 所示，钻出环槽、安装拉头。在测点处采用钻芯机钻出一个环槽，内径为 100～102 mm，深度至下卧层表面 10 mm 以下。清理环槽内碎片，后用游标卡尺实际测量环槽内径，准确至 0.1 mm。清洗、干燥测点表面后，涂布胶粘剂。应注意，胶粘剂不要进入环槽；养护并完全固化后，准备下一步试验。

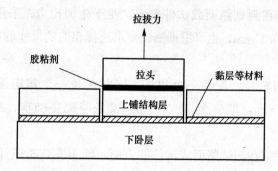

图12-2 结构层—黏结层—结构层的层间黏结强度试验结构示意

2. 试验步骤

(1)安装好拉拔仪,开动并进行拉拔测试。拉伸速率为 25 kPa/s±15 kPa/s。当选择其他拉拔速率,请在报告中注明。

(2)试验拉断时,读取最大拉力 F 作为试验结果。

(3)试验拉断后,注意观察断裂面情况,应在报告中详细注明。

(4)每个位置需要测试 3 个点,每个测点间距不小于 500 mm,总间距控制在 2 m 内。

四、扭剪试验方法与步骤

1. 准备工作

(1)进行现场黏结强度试验测试之前,施工完成的表面处治、封层、粘层、透层及防水层等材料应充分养护。试验前应先测试层间的温度,并在报告中注明。

(2)根据现场情况,随机选择测试点,并在现场标注。

(3)当黏结层及以上部分的厚度小于 15 mm 时,按图 12-3 所示进行试验准备。先用游标卡尺测量扭剪盘直径,准确至 0.1 mm。清理试验点表面,将扭剪盘底部涂布一层胶粘剂,并快速黏附在需测试点表面。待涂布胶粘剂养护并完全固化后,用刀具沿扭剪盘边缘小心切割一个环槽,深度至下卧层顶面。进行下一步试验前,应保证试件表面水平。

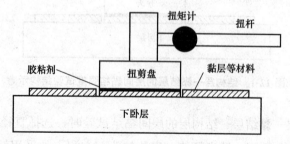

图12-3 薄层扭剪试验时结构示意

(4)当黏结层及以上部分的厚度大于 15 mm 时,按图 12-4 所示进行试验准备。在测点处采用钻芯机钻出一个环槽,内径为 100~102 mm,深度至下卧层表面 10 mm 以下。清理环槽内碎片，后用游标卡尺实际测量环槽内径，精确至 0.1 mm。清洗、干燥测点表面后，涂布胶粘剂，注意胶粘剂不要进入环槽；养护并完全固化后，准备下一步试验。

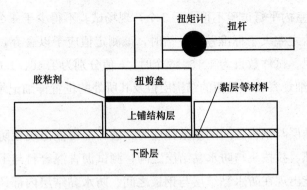

图 12-4 厚层扭剪试验时结构示意

2. 试验步骤

(1)当胶粘剂形成足够强度后，将扭矩计安装在扭剪盘上。

(2)测量并记录路面温度。

(3)人工匀速推动扭杆，使得扭杆在 30 s±5 s 内转动 90°，同时需要确保扭杆扭剪盘与测定路面表面或试件表面平行(角度小于 10°)，当试验破坏时记录最大扭矩。

(4)检验破坏断面，详细记录。

(5)每个位置需要测定 3 个点，各测点间距不小于 500 mm，总间距控制在 2 m 内。

五、数据处理

每个位置的 3 个测试值应不超过其平均值的 20%，否则该位置的测试结果应舍弃。

1. 拉拔强度计算

采用实测的最大拉力和实测拉头直径(或环槽内径)，按式(12-3)计算拉拔强度：

$$\tau_{\text{TAT}} = \frac{4F}{3.14 D^2} \tag{12-3}$$

式中 τ_{TAT}——拉拔强度(MPa)；

F——最大拉力(N)；

D——实测拉头直径(或环槽内径)(mm)。

2. 扭剪强度计算

采用实测的最大扭矩和扭剪盘直径，按式(12-4)计算扭剪强度：

$$\tau_{\text{TBT}} = \frac{12 \times 10^6 M}{3.14 D^3} \tag{12-4}$$

式中 τ_{TBT}——层间扭剪强度(kPa)；

M——扭矩计实测的最大扭矩(N·m)；

D——扭剪盘直径(mm)。

六、注意事项

（1）同一批试件室内平行试验不得少于 5 个，现场试验不得少于 4 个。当同一批试件中某个测定值与平均值之差大于标准差的 k 倍时，该测定值应予以舍弃，并以其余测定值的平均值作为试验结果。试件数目为 4、5、6 个时，k 值分别为 1.46、1.67、1.82。

（2）试验后应仔细观察破坏界面的结构层位及其所处的位置详细记录，在报告中注明并应符合下列规定：

①测试防水黏结层与钢板之间的黏结强度时，破坏面可能出现在防水黏结层与钢板之间、防水黏结层内部、拉拔头与防水黏结层之间；测试沥青混合料与下部结构之间的黏结强度时，破坏面可能出现在防水黏结层与钢板之间、防水黏结层内部、防水黏结层与沥青混合料铺装结构层之间、沥青混合料铺装结构层内部等部位。

②当出现拉拔头与沥青混合料铺装结构层之间脱层，或破坏情况全部为沥青混合料内部断裂时，视为黏结强度大于测试值。

③若破坏面出现在沥青混合料铺装结构层与防水黏结层之间，或防水黏结层与钢板之间，应描述黏结层被拉脱的面积占整个黏结层试验面积的百分比。

（3）试验仪器必须每年检定一次；仪器在每次试验前应检查仪器标明的落距。

（4）对于现场试验，平行试验不得少于 3 个。单个试件的试验结果，其允许误差不超过平均值的 20%，超过此误差范围的试验结果应舍弃。试验后应仔细观察断裂面产生的位置（即破坏界面的结构层位及其所处的位置），并详细记录，在报告中注明。

单元小结

1. 热拌沥青混合料的施工温度，包括出厂温度、摊铺温度、碾压温度等。沥青混合料的施工温度直接关系到沥青路面的施工质量，是施工质量管理的重点项目之一。当前工程中测试混合料温度应用较多的方法为插入式温度计法、非插入式温度计法及红外摄像仪法。其中，非插入式温度计法主要用于施工过程中的控制，不作为仲裁试验适用。

2. 沥青黏层、透层及同步碎石等封层应用较多，各种施工材料用量的确定很关键。试验过程中，若发现沥青材料（碎石材料）下落到受样盘时有飞溅出的现象，则应采取措施重新试验。

3. 层间黏结强度在路面设计、交工、竣工、养护过程中的问题比较突出，因层间黏结不良会导致沥青路面出现推移、车辙、壅包等病害。试验过程中，为保证结果的准确性，在切割环槽时一定要切割至下卧层顶面。

思考与习题

1. 采用插入式温度计法测试热拌沥青混合料温度时，如何确保测试的准确性？
2. 采用受样盘法测试施工材料用量时，若喷洒材料有飞溅，对测试结果会有哪些影响？
3. 透层油渗透深度测试时，每处测试深度几次？测试结果如何选取？
4. 层间黏结强度测试时，测点如何选取？测试结果如何处理？

单元13 案例分析

课题44 某高速公路定期检测公路技术状况评定

为加强公路养护管理工作,科学评定公路技术状况和服务水平,我国规范规定高速公路每年需进行定期检测,以全面了解高速公路路面技术情况,并及时结合检测数据结果分析进行养护,以延长路面的使用寿命及提升路面服务水平。

课件:某高速公路定期检测公路技术状况评定

公路路面技术状况进行定期检测,其检测指标包括路面损坏、平整度、车辙、磨耗、跳车、抗滑性能和结构强度七项指标。其中,路面结构强度为抽检指标,磨耗及抗滑性能二选一。路面技术状况定期检测目的:科学地评定路线(段)路面使用性能,全面掌握目前路面的现有技术状况,对运营期间的路面进行技术评价,提出路面管养建议,为路面养护规划、养护设计提供建议及依据。

下面以某高速公路定期检测为例,具体介绍路面技术状况定期检测的工作内容。

贵州省某高速公路全长为123 km,设计速度为80 km/h,双向四车道,设计荷载为公路Ⅰ级,整体式路基宽为21.5 m,分离式路基宽为11.25 m。设计弯沉为22.4(0.01 mm)。根据招标文件,要求检测该高速公路的双向四车道。其中,路面损坏、平整度、车辙、抗滑性能、跳车双向四车道连续检测,路面结构强度抽检养护里程的20%。

针对该高速公路的路面技术状况,定期检测主要工作流程如下。

一、检测方案

检测单位通过投标竞标取得该高速公路检测任务后,根据要求编制详细的检测方案。检测方案是对路面定期检测项目的一个统筹规划,是项目能否顺利进展的重要内容。路面定期检测项目的检测方案编制主要包括项目概况、检测路线安排、检测目的、检测依据、评定标准、检测内容方法、检测人员及设备、成果报告编制、交通安全组织方案。

(1)项目概况根据招标文件中所需检测路线进行编制,项目概况的编制有利于整体把握所检路线的分布情况,了解各路线所在区域的天气情况,统筹安排检测路线。

(2)检测路线安排要考虑到路线分布情况、天气情况、检测指标、检测车道等因素,合理安排检测路线,才能有效提高检测效率。如根据路线所在区域的天气决定优先检测路线,根据检测车道确定两条或以上路线交叉检测方式。

(3)检测内容方法应依据招标文件中规定的检测指标确定。

(4)检测人员及设备应满足招标文件中对检测设备的要求,检测人员应与签署的合同人员保持一致。检测设备(如道路检测车)涉及不同路线且储存于不同硬盘中,所以,应当做好列表,对硬盘进行编号,详细记录每个硬盘中所储存的路线及检测指标,针对检测过程中存在的问题,也在列表中详细记录。

(5)交通安全组织方案主要是针对激光自动弯沉车,因其速度约为 5 km/h,属于低速行驶,影响其他车辆的正常通行,因此,应当制定详细的交通安全组织方案。此方案主要依据《公路养护安全作业规程》(JTG H30—2015)进行编制。由于路面定期检测为移动性作业行为,因此要根据检测的特点编制交通组织方案。例如,在检测车后部依据规范要求应当安装有移动性作业标志,道路检测车及摩擦车因速度在 50 km/h 以上,故检测作业控制区布置不必封闭车道,而激光自动弯沉车需要设置检测作业控制区,主要为路政车,配合在检测车后方,保证检测作业的安全。

(6)检测方案编制完成后,需先经项目经理及部门经理复核审核后,上报至主管领导,经主管领导同意后,开检测方案评审会议,之后对会议所提出的修改意见进行修改完善,经主管领导签字后,即需准备进场事宜。

高速公路路面检测项目检测方案如图13-1所示。

图 13-1 高速公路检测项目检测方案

二、工程任务交接单

部门经理编制工程任务交接单,根据合同要求,该高速公路检测需使用道路智能检测车、单轮式横向力系数测试车、自动弯沉仪。因此,交接单中应明确该高速路面定期检测项目的总负责人,以及确定各设备的分项负责人、辅助人员,明确所要检测路线、检测总里程、检测指标、注意事项等。本检测路线养护里程长度为 123 km,要求双向四车道均要检测,因此,道路智能检测车、单轮式横向力系数测试车连续检测,需检测 492 km,自动弯沉仪为抽检检测结构强度,需抽检养护里程的 20%,即 24.6 km。此类重要信息需在工程任务交接单中清晰列出。工程任务交接单示例见表 13-1。

表 13-1 工程任务交接单

编号:

工程名称		工程地点	
委托单位		合同(委托书)编号	
进场日期		提交报告时间	
工作内容及安排	工作内容: 工作安排: 现委派_____等同志具体负责完成该项检测工作,_____同志为项目负责人(现场质量监督员),对该项检测工作的质量进行全面监督管理。 部门经理/部门分管领导:　　　　　年　月　日		
部门分管领导审批意见	部门分管领导:　　　　　年　月　日		

说明:
1. 工作内容及安排由部门经理填写,部门分管领导填写审批意见;
2. 检测工作完成后,部门的工程任务交接单随其他检测资料一起由检测人员整理装订,移交资料管理员归档保存

三、技术、安全交底卡

总负责人根据检测方案制定技术、安全交底卡,并与各分项负责人开会宣贯讨论,对

存在问题的地方当即讨论解决,最终形成正式技术、安全交底卡并存档,用于后期检测报告盖章所支撑的材料,见表 13-2。

表 13-2 技术、安全交底卡

项目名称		交底时间	
交底负责人			
交底内容: 交底对象(签字): 年 月 日			
备注:			

四、外业检测

1. 前期准备

在外业检测开展前,总负责人应根据工作计划预估项目实施所需资金,提前借备用金,用于外业检测、内业报告出版、评审等费用。

各分项负责人在进场前应与相关的管养单位提前联系,汇报进场时间,以及需业主方配合的事项。特别是自动弯沉车需提前与业主沟通,办理好交通安全组织文件、进出场证明等,以免耽误检测进度。

各分项负责人对所负责的检测设备进行认真检查。如道路智能检测车中设备发电机是否已达到工作满负荷时间,是否需要更换机油及清理空气滤芯。对检测设备进行试测,确保检测设备能够正常运转;检查检测设备比对或校准证书是否在有效期内,确保检测数据具有可溯源性;通过试测多组数据,确保检测数据可靠、稳定。

在检测车出库检测时,各分项负责人应当填写仪器设备使用登记表及出入库登记表,出库前,设备管理员应仔细核对检测设备配件及检测设备运转情况,入库前应与分项负责人一同核查检测设备配件及运转是否正常。核对完成无误后,方可登记入库并签字,见表13-3、表13-4。

表13-3 仪器设备使用登记表

编号:　　　　　　　　　仪器设备编号:　　　　　　　仪器设备名称:

序号	测试任务	使用日期	使用前状态	开始时间	结束时间	使用后状态	使用人	确认人	备注
			□良好□异常			□良好□异常			
			□良好□异常			□良好□异常			
			□良好□异常			□良好□异常			
			□良好□异常			□良好□异常			
			□良好□异常			□良好□异常			
			□良好□异常			□良好□异常			
			□良好□异常			□良好□异常			
			□良好□异常			□良好□异常			
			□良好□异常			□良好□异常			
			□良好□异常			□良好□异常			
			□良好□异常			□良好□异常			
			□良好□异常			□良好□异常			
			□良好□异常			□良好□异常			
			□良好□异常			□良好□异常			
			□良好□异常			□良好□异常			
			□良好□异常			□良好□异常			
			□良好□异常			□良好□异常			

表13-4 仪器设备出入库登记表

编号:　　　　　仪器设备名称:　　　　　仪器设备编号:　　　　　出厂编号:

序号	测试任务/用途	借用日期	借用人	借用时状态	出库确认人	归还日期	归还人	入库时状态	入库确认人
				□良好□异常				□良好□异常	
				□良好□异常				□良好□异常	
				□良好□异常				□良好□异常	
				□良好□异常				□良好□异常	
				□良好□异常				□良好□异常	
				□良好□异常				□良好□异常	
				□良好□异常				□良好□异常	
				□良好□异常				□良好□异常	
				□良好□异常				□良好□异常	
				□良好□异常				□良好□异常	

续表

序号	测试任务/用途	借用日期	借用人	借用时状态	出库确认人	归还日期	归还人	入库时状态	入库确认人
				□良好□异常				□良好□异常	
				□良好□异常				□良好□异常	
				□良好□异常				□良好□异常	
				□良好□异常				□良好□异常	
				□良好□异常				□良好□异常	
				□良好□异常				□良好□异常	
				□良好□异常				□良好□异常	
				□良好□异常				□良好□异常	
				□良好□异常				□良好□异常	
				□良好□异常				□良好□异常	

2. 工作组织与开展

(1)各分项负责人在检测过程中，应及时、详细地记录检测过程存在的突发情况，如检测路线因道路施工封闭，检测过程中计算机突然出现死机，检测数据丢失等问题。要明确至具体路线名称，以及出现问题的起终点桩号、车道。针对存在问题的路段，要及时复测。针对道路封闭施工无法检测的路段，应与业主单位联系沟通。

(2)外来检测时应及时关注天气情况，提前做好预防准备，在环境条件无法满足检测要求时，为保证检测数据的准确性及可靠性，应立即停止检测工作，对检测设备采取及时防雨措施，避免影响设备的正常检测。

(3)检测过程中，应依据规范要求速度进行检测，禁止为提高效率而超出检测要求速度。应将安全放在第一位，穿戴反光衣等防护装备。交通组织时应根据检测方案进行设备检测，时刻警惕安全隐患，杜绝安全事故的发生。

五、内业处理

内业处理主要为报告编制、复核、审核及出版。报告编制按照分工编制、交叉复核、汇总审核、体系填报、盖章出版的模式进行。定期检测报告总体大纲如下。

定期检测报告总体大纲

1. 项目概况
2. 检测依据及评定标准
3. 人员和仪器设备
4. 检测内容与方法
5. 检测数据分析
6. 结论与分析评估
7. 有关建议

(1)分工编制。按照前期任务分工,各参数负责人按照数据处理模板处理各自数据,并按照报告模板统计汇总。

(2)交叉复核。各参数间按照人员特长、历史经验分组开展交叉复核工作,重点审查原始记录、数据处理的规范性、合理性。

(3)汇总审核。项目负责人将相关报告汇总,进行最终审核。

(4)体系填报。项目负责人及时填写相关体系文件。

六、后期工作

1. 汇报与评审

检测报告出具电子版最终稿,发至业主单位。业主单位审核无问题后,由业主单位联系评审专家及确定评审时间,检测单位需要在评审前将检测报告电子版终稿发给各专家,并在评审前打印出版,准备好汇报PPT。

2. 成果提交

需要提交的成果包括以下几项:

(1)检测方案。一般进场工作前,业主会要求提交检测方案。

(2)检测报告。按业主要求的份数提供。

(3)原始数据。依据业主要求提供。

(4)电子资料。将上述资料刻录光盘。

3. 计量与收款

(1)依据合同确定首次收款比例。

(2)按收款比例编制支付证书,检测单位首先找负责人签字,然后申请印章盖章。

(3)至市场经营部取合同原件并打印合同若干份。

(4)评审后应当由业主出具会议纪要,检测单位需保存。

(5)准备会议纪要、支付证书、合同,联系业主负责人,进行业主方相关流程手续。

4. 争议与投诉处理

(1)在检测报告存在争议的情况下,应当溯源至原始数据记录,核对是否存在问题,如是否存在异常值未剔除,是否存在数据错桩问题,如有应及时更正,若无应当同业主解释清楚中间出现问题的原因所在。

(2)若因工期推迟未按时完成检测任务,受业主投诉,应当及时和业主沟通,解释未完成的原因,如天气原因,无法达到检测所需要的环境,影响检测数据的准确性、可靠性。对于投诉问题,检测单位应根据体系文件,出具关于未完成检测任务的函,送至业主方。

5. 后期服务

(1)积极响应。无论是在检测过程中出现问题还是存在检测报告业主存疑的情况,检测单位应当第一时间给予回复解答。

(2)准备充分。针对业主提出的任何关于项目的问题,应当能够及时回答,给出满意答案。

(3)保持联系。项目结束后,并不代表项目的完结,应当经常和业主保持联系,为业主在使用检测报告时存在疑问的地方进行答疑,必要时适时去业主方拜访,保持检测单位持续服务的意识。

课题 45　某高速公路交工验收检测评定(路基路面工程)

项目业主依据《公路竣(交)工验收办法实施细则》(交公路发〔2010〕65号)第二章第五条第三款委托有相应资质的检测机构进行工程质量检测与评定,是试验检测机构承揽检测任务的常见方式。相关案例如下:

一、任务概述

课件:某高速公路交工验收检测评定(路基路面工程)

某公司通过投标承揽了某高速公路的交工验收质量检测工作,招标文件给定的相关信息见表 13-5、表 13-6。

表 13-5　工程基本信息汇总表一示例

工程名称	某高速公路
工程规模	26.5 km 双向四车道
试验检测服务内容	本工程范围内的路基、路面、桥涵、隧道工程、沿线房屋建筑设施、绿化工程等除交通安全设施工程及机电工程外的所有工程进行交工检测,对工程实体、外观进行检查并做好检查记录,对内业资料进行审查,并提交交工检测报告
计划工期	计划工期:24 个月(具体检测时间以工程施工进度为准)
质量要求	符合《公路工程竣(交)工验收办法》(交通部令 2004 年第 3 号)、《公路工程竣(交)工验收办法实施细则》(交公路发〔2010〕65 号)及现行相关国家强制性技术标准、规范和规程的要求

表 13-6　工程量清单一示例

单位工程	分部工程	抽查项目	检测单位	检测数量
路基工程	路基土石方	压实度(灌砂法)	点	128
		弯沉(自动弯沉车)	千米、车道	128
		边坡	处	1 037
	排水工程	断面尺寸	断面	231
		铺砌厚度	处	51
	涵洞	断面尺寸	道	11
		铺砌厚度	道	11
	支档	混凝土强度	测区	425
		断面尺寸	断面	43

续表

单位工程	分部工程	抽查项目	检测单位	检测数量
路面工程	路面	压实度(钻芯检测)	点	232
		平整度(激光平整度仪检测)	千米、车道	372
		抗滑(横向力系数测定车)	千米、车道	372
		构造深度(激光检测)	千米、车道	372
		沥青路面渗水系数(路面渗水仪)	点	231
		路面厚度(地质雷达连续检测)	千米、车道	372
		横坡	断面	328
		沥青路面弯沉(自动弯沉车)	千米、车道	128
		混凝土路面弯拉强度	点	44

二、任务分析与计划

1. 了解服务范围

交验检测服务范围：设计文件和业主与承包人签订的合同文件规定的全部路基工程、路面工程内容，质量监督机构及业主同意增加的检测项目内容。

2. 分析工作内容

根据招标文件及工作经验，本类型项目主要工作内容如下：

(1)熟悉合同文件、全面了解工程概况和实际进展情况，负责全线路基工程的交工验收检测工作的开展。

(2)按投标承诺、合同文件规定和质量监督机构的具体要求，健全交工验收检测项目团队的自身建设，建立试验检测工作体系，按照《公路工程竣(交)工验收办法》(交通部令2004年第3号)的相关规定和业主方的具体要求，开展各项独立的交工验收检测工作。

(3)积极编制交工验收检测实施细则。采用交通部交工验收检测专用统一的表格，并注重试验检测报告的信息齐全、内容完整、格式美观实用、检测依据现行有效、结论用语规范公正客观。

(4)通过业主协调，组织专业技术人员检查施工方、监理方和其他参与方的内业资料(注重隐蔽工程的检测资料)。

(5)按照《公路工程质量检验评定标准 第一册 土建工程》(JTG F80/1—2017)、《工程建设标准强制性条文(公路工程部分)》(建标〔2002〕99号)中的各项内容，对工程交工进行全面检测，以确保达到本项目质量目标的要求。

3. 建立项目部

建立项目部需根据工作内容确认人员规模及组织机构。

根据本项目的特点，为确保整个交工验收检测的各项工作具有更好的针对性，专门从本公司的技术骨干中抽调经验丰富、从事过类似工程交工验收检测的专业技术人员、管理人员组成项目团队，确保整个交工验收检测工作的质量。

整个交工验收检测项目团队,设项目负责人1名,下设3个检测组(分为路基组、桥涵结构组、内业资料组)。每组由1名经验丰富的专业检测工程师(担任该检测组组长)和2名检测员组成。各检测组依据检测计划并按照项目团队主任的要求,各自独立开展工作,各检测组之间注重专业技术交流和配合,项目团队主任全面负责整个交工验收检测工作,直接对交工验收检测的进度和质量负责,对检测公司负责。另外,专门配有1名文档资料管理人员,负责文档资料的管理和收集,兼职合同计量工程师。

4. 主要人员岗位职责

(1)交工验收检测项目团队主任的职责。

①全面负责本项目团队的组建,负责日常交工验收检测工作,领导交工验收检测项目团队所有成员严格执行有关法律、法规和各项规章制度,对交工验收检测项目团队的工作质量负责,对本公司负责。

②围绕交工验收检测任务,负责制订交工验收检测的工作计划,并组织实施检查、落实、执行情况,发现问题及时整改、解决,确保本公司在该项目上的目标能够很好地完成。

③根据工作分工和目标责任,负责交工验收检测工作的开展及工程质量评定,并注重检测报告的复核把关工作。

④负责检查本交工验收检测项目团队使用的各类试验检测设备仪器的安全使用、维护和保管,并安排各检测组的员工适时对本交工验收检测项目团队所用仪器设备、试验环境等进行专人维护,并责任到人。

⑤严格对现场工程检测进行登记,并根据任务要求和技术方案制订计划、安排进度,进行合理的人员分工、调配组合,务求保质、保量安全生产,并按期完成任务。

⑥负责审核本交工验收检测项目团队各检测组的试验检测原始记录及报告,抽样检查实际数据采集工作。

⑦协调与工程各方的工作关系,管理好交工验收检测项目团队的生活、学习等方面的具体事务,适时协调或调整各检测组之间的工作,让他们充分交流并能密切配合。

(2)交工验收检测项目团队检测组长的职责。

①积极协助交工验收检测项目团队主任完成交工验收检测任务。

②协助负责本检测组工作范围内的各项交工验收检测工作,做好数据采集、取样,并带领本组试验检测员完成交工验收检测任务,整理汇总形成报告交交工验收检测项目团队主任审核。

③定期书面向交工验收检测项目团队主任报告检测计划、工作进展、工作成果。

④注重与交工验收检测项目团队主任办公室资料管理员、其他检测组员工的配合和交流,加强业务学习,接受公司和交工验收检测项目团队主任的考察或考核。

⑤完成交工验收检测项目团队主任交办的其他具体工作。

(3)交工验收检测项目团队检测员的职责。

①积极协助检测组长完成具体的交工验收检测任务。

②协助检测组长完成并落实本检测组工作范围内的各项交工验收检测工作,并做好数

据采集、取样和各类试验检测(室内和现场)。

③定期书面向检测组长报告检测计划、工作进展、工作成果。

④注重与交工验收检测项目团队主任办公室资料管理员、其他检测组员工的配合和交流，加强业务学习，接受公司和交工验收检测项目团队主任的考察或考核。

⑤完成检测组长交办的其他具体工作。

(4)交工验收检测项目团队资料管理员的职责。

①积极协助交工验收检测项目团队主任完成具体的交工验收检测任务和资料归档管理。

②协助各检测组及时整理、汇总各类试验检测工作资料，并做好登记归档，对交工验收检测项目团队主任审核后的各类报告、签发的各类文件及时整理汇总，并送发或存档。

③定期书面向交工验收检测项目团队主任报告资料归档情况。

④注重与各检测组员工的配合和交流，加强业务学习，接受公司和交工验收检测项目团队主任的考察或考核。

⑤完成交工验收检测项目团队主任交办的其他具体工作。

三、进场准备

1. 人员动员

针对本项目计划参与人员做好工作调整，及时通知相关工作计划与安排，以面对面会议的形式，做好技术交底、安全交底工作。

2. 仪器设备

根据本项目各阶段试验检测计划，拟订设备投入计划表，明确设备类型、数量、进出场时间等。

3. 工作对接

项目负责人需提前将相关检测计划、实施细则，报告业主、质量技术监督局等单位，商定进场时间、现场准备配合的人员及内容。

四、检测实施

在现场检测过程中，试验检测人员需按照本课程及相关规范所规定的方法，严格执行操作步骤，认真记录现场数据、异常情况等。

另外，现场检测实施过程中，试验检测人员需严格遵守相关项目的各项管理规定。交工验收检测项目团队的规范程序化管理和具体规章制度一般包括收发资料、送取试样、试验结果登记制度，做到不漏项，随时可查对；建立岗位责任制，包括试验检测工程师、检测组长、试验检测员责任制，明确分工，各负其责；制订仪器操作须知，规定由专人操作贵重仪器，建立贵重仪器设备维修保养档案，以保证仪器设备及操作人员的安全，并贯彻到人，量化试验抽检频率，做到心中有数。这些制度均应打印成文并上墙公布，且定期学习对照，供大家共同遵守，使项目的工作有章可循，井井有条，实现规范化管理。

五、内业资料整理

依据之前文介绍的数据处理及评定方法对现场采集数据进行处理、分析，按照相关要求进行评定。

同时，加强试验检测资料档案管理建设工作是与工程建设同步进行的，首先要做好每个独立试验的原始记录，记录必须用碳素墨水书写，严禁用圆珠笔或铅笔书写，或先记在草稿纸上然后抄在原始记录本上，书写错误不得用橡皮擦，应先画去，在其上方书写正确的，以保证记录的严肃性和便于长期保管。原始记录本应按试验检测项目分类装订装合，由专人保管，平时不得外借以免丢失。专门印制试验资料汇总表格，要求各检测组定时将独立完成的交工验收检测汇总报交工验收检测项目团队主任，以便及时掌握交工验收检测工作和工程质量的情况。

六、报告与汇报

一般项目的主要工作成果包括检测报告、现场影像资料、各类简报及业主要求的各类汇报资料。

检测报告：要求内容翔实、逻辑清晰，应涵盖原始检测数据、各参数汇总数据、评定结果、问题归纳与分析、质量改善建议等。

影像资料：要求清晰美观、分类整理，一方面准确反映现场工作情况；另一方面，需直观地反映现场问题。

其他汇报材料：要求突出重点、反映问题，满足业主的相关格式要求。

课题46　某改建高速公路施工质量评定

贵州某改建高速公路，建设标准为全封闭、全立交、双向四车道高速公路。路基宽度为26.0 m，具体布置：土路肩0.75 m＋硬路肩3.0 m＋行车道2×3.75 m＋左侧路缘带0.75 m＋中分带2 m＋左侧路缘带0.75 m＋行车道2×3.75 m＋硬路肩3.0 m＋土路肩0.75 m。路面结构层次为：4 cmSMA－13沥青玛琋脂碎石上面层＋6 cmAC－20C沥青混凝土中面层＋8 cmAC－25C沥青混凝土下面层＋37 cm水泥稳定碎石基层＋15 cm级配碎石底基层。

课件：某改建高速公路施工质量评定

一、施工质量评定依据

《公路工程质量检验评定标准　第一册　土建工程》(JTG F80/1—2017)。

二、单位、分部、分项工程划分

公路工程质量检验评定应按分项工程、分部工程、单位工程逐级进行，并应符合下列规定：

(1)在项目建设合同段中，具有独立施工条件和结构功能的工程为单位工程。
(2)在单位工程中，按路段长度、结构部位及施工特点等划分的工程为分部工程。
(3)在分部工程中，根据施工工序、工艺或材料等划分的为分项工程。

单位工程、分部工程和分项工程具体划分情况参照《公路工程质量检验评定标准 第一册 土建工程》(JTG F80/1—2017)附录A。

本项目为高速公路改建，包含分项工程为土方路基、填石路基、底基层、基层、面层。按1~3 km长度划分分部工程为路基土石方工程、路面工程。按每10 km或每标段划分单位工程为路基工程和路面工程。

三、工程质量检验

分项工程应按基本要求、实测项目、外观质量和质量保证资料等检验项目分别检查。分项工程质量应在所使用的原材料、半成品、成品及施工控制要点等符合基本要求的规定，无外观质量限制缺陷且质量保证资料真实、齐全时，方可进行检验评定。

1. 基本要求

土方路基应符合下列基本要求：

(1)在路基用地和取土坑范围内，应清除地表植被、杂物、积水、淤泥和表土，处理坑塘，并按施工技术规范和设计要求对基底进行压实。表土应充分利用。
(2)填方路基应分层填筑压实，每层表面平整，路拱合适，排水良好，不得有明显碾压轮迹，不得亏坡。
(3)应设置施工临时排水系统，避免冲刷边坡，路床顶面不得积水。
(4)在设定取土区内合理取土，不得滥开、滥挖。完工后应按要求对取土坑和弃土场进行修整。

填石路基应符合下列基本要求：

(1)填石路基应分层填筑压实，每层表面平整，路拱合适，排水良好，上路床不得有碾压轮迹，不得亏坡。
(2)修筑填石路基时应进行地表清理，填筑层厚度应符合规范规定并满足设计要求，填石空隙用石渣、石屑嵌压稳定。
(3)填石路基应用过试验路确定沉降差控制标准。

沥青混凝土面层应符合下列基本要求：

(1)基层质量应符合规范规定并满足设计要求，表面应干燥、清洁、无浮土。
(2)应严格控制沥青混合料拌和的加热温度。拌和后的沥青混合料应均匀、无花白、无粗细料分离和团结成块现象。
(3)应按规定要求控制碾压工艺，严格控制摊铺和碾压温度。

水泥稳定碎石基层应符合下列基本要求：

(1)应选择质坚、干净的粒料。

(2)水泥稳定碎石基层碾压完成的时间不应超过水泥的终凝时间。

(3)碾压检查合格后立即覆盖或洒水养护,养护期应符合规范规定。

级配碎石底基层应符合下列基本要求:

(1)配料应准确。

(2)塑性指数应满足设计要求。

应对以上所列基本要求逐项检查,经检查不符合规定时,不得进行工程质量的检验评定。

2. 实测项目

实测项目检验应符合下列规定:

(1)对检查项目按规定的检查方法和频率进行随机抽样检验并计算合格率。

(2)《公路工程质量检验评定标准 第一册 土建工程》(JTG F80/1—2017)中规定的为标准方法,采用非标准方法应比对确认。

(3)《公路工程质量检验评定标准 第一册 土建工程》(JTG F80/1—2017)中以路段长度规定的检查频率为双车道路段的最低检查频率,对多车道应按车道数与双车道之比相应增加检查数量。

(4)按式(13-1)计算检查项目合格率:

$$检查项目合格率(\%) = \frac{合格的点(组)数}{该检查项目的全部检查点(组)数} \times 100\% \tag{13-1}$$

(5)检查项目合格判定应符合下列规定:

①关键项目的合格率应不低于95%,否则该检查项目为不合格。

②一般项目的合格率应不低于80%,否则该检查项目为不合格。

③有规定极值的检查项目,任一单个检测值不应突破规定极值,否则该检查项目为不合格。

④采用《公路工程质量检验评定标准 第一册 土建工程》(JTG F80/1—2017)附录B至附录S所列方法进行检验评定的检查项目,不满足要求时,该检查项目为不合格。

土方路基实测项目应符合表13-7的规定。

表13-7 土方路基实测项目

检查项目			高速公路一级公路	其他公路		检查方法和频率
				二级公路	三、四级公路	
△压实度/%	上路床		0~0.3 m	≥96	≥95	≥94	按《公路工程质量检验评定标准 第一册 土建工程》(JTG F80/1—2017)附录B检查;密度法:每200 m每压实层测2处
	下路床	轻、中及重交通荷载等级	0.3~0.8 m	≥96	≥95	≥94	
		特重、极重交通荷载等级	0.3~1.2 m	≥96	≥95	—	
	上路堤	轻、中及重交通荷载等级	0.8~1.5 m	≥94	≥94	≥93	
		特重、极重交通荷载等级	1.2~1.9 m	≥94	≥94	—	
	下路堤	轻、中及重交通荷载等级	>1.5 m	≥93	≥92	≥90	
		特重、极重交通荷载等级	>1.9 m	≥93	≥92	—	

续表

检查项目	高速公路 一级公路	其他公路 二级公路	其他公路 三、四级公路	检查方法和频率
△弯沉 0.01 mm	不大于设计验收弯沉值			按《公路工程质量检验评定标准 第一册 土建工程》（JTG F80/1—2017）附录J检查
纵断高程/mm	+10，-15	+10，-20		水准仪：中线位置每200 m测2点
中线偏位 mm	50	100		全站仪：每200 m测2点，弯道加HY、YH两点
宽度/mm	满足设计要求			尺量：每200 m测4点
平整度/mm	≤15	≤20		3 m直尺：每200 m测2处×5尺
横坡/％	±0.3	±0.5		水准仪：每200 m测2个断面
边坡	满足设计要求			尺量：每200 m测4点

注：1. 土方路基压实度是按现行《公路土工试验规程》（JTG E40—2007）重型击实试验所得最大干密度求得的压实度。评定路段内压实度平均值下置信界限不得小于规定标准，单个测定值不得小于极值（表列规定值减5%）。按测定值不小于表列规定值减2%的测点占总检查点数的百分率计算合格率。
2. 特殊干旱、特殊潮湿地区或过湿土路基等，可按路基设计、施工规范所规定的压实度标准进行评定。
3. 三、四级公路铺筑沥青混凝土或水泥混凝土路面时路基压实度应采用二级公路标准

填石路基实测项目应符合表13-8的规定。

表13-8 填石路基实测项目

检查项目	规定值或允许偏差		检查方法和频率
	高速公路 一级公路	其他公路	
△压实①	孔隙率满足设计要求		密度法：每200 m每压实层测1处
	沉降差≤试验路确定的沉降差		精密水准仪：每50 m测1个断面，每个断面测5点

续表

检查项目	规定值或允许偏差		检查方法和频率
	高速公路 一级公路	其他公路	
△弯沉/0.01 mm	不大于设计值		按《公路工程质量检验评定标准 第一册 土建工程》(JTG F80/1—2017)附录 J 检查
纵断高程/mm	+10，-20	+10，-30	水准仪：中线位置每 200 m 测 2 点
中线偏位/mm	≤50	≤100	全站仪：每 200 m 测 2 点，弯道加 HY、YH 两点
宽度/mm	满足设计要求		尺量：每 200 m 测 4 点
平整度/mm	≤20	≤30	3 m 直尺：每 200 m 测 2 处×5 尺
横坡/%	±0.3	±0.5	水准仪：每 200 m 测 2 个断面
边坡 坡度	满足设计要求		尺量：每 200 m 测 4 点
边坡 平顺度	满足设计要求		

注：①上、下路床填土时压实度检验标准同土方路基

沥青混凝土面层实测项目应符合表 13-9 的规定。

表 13-9 沥青混凝土面层实测项目

检查项目		高速公路 一级公路	其他公路	检查方法和频率
△压实度/%		≥试验室标准密度的 96%(*98%) ≥最大理论密度的 92%(*94%) ≥试验段密度的 98%(*99%)		按《公路工程质量检验评定标准 第一册 土建工程》(JTG F80/1—2017)附录 B 检查，每 200 m 测 1 点
平整度	σ/mm	≤1.2	≤2.5	平整度仪：全线每车道连续检测，按每 100 m 计算 IRI 或 σ
平整度	IRI(m/km)	≤2.0	≤4.2	
平整度	最大间隙 h/mm	—	≤5	3 m 直尺：每 200 m 测 2 处×5 尺
弯沉值 0.01 mm		不大于设计验收弯沉值		按《公路工程质量检验评定标准 第一册 土建工程》(JTG F80/1—2017)附录 J 检查
渗水系数 /(mL·min^{-1})	SMA 路面	≤120	—	渗水试验仪：每 200 m 测 1 处
渗水系数 /(mL·min^{-1})	其他沥青路面	≤200	—	
摩擦系数		满足设计要求	—	摆式仪：每 200 m 测 1 处。横向力系数测定车：全线连续检测，按《公路工程质量检验评定标准 第一册 土建工程》(JTG F80/1—2017)附录 L 评定
构造深度		满足设计要求	—	铺砂法：每 200 m 测 1 处

续表

检查项目		高速公路 一级公路	其他公路	检查方法和频率
△厚度/mm	代表值	总厚度：$-5\%H$ 上面层：$-10\%h$	$-8\%H$	按《公路工程质量检验评定标准 第一册 土建工程》(JTG F80/1—2017)附录 H 检查，每 200 m 测 1 点
	合格值	总厚度：$-10\%H$ 上面层：$-20\%h$	$-15\%H$	
中线平面偏位/mm		20	30	全站仪：每 200 m 测 2 点
纵断高程/mm		±15	±20	水准仪：每 200 m 测 2 个断面
宽度/mm	有侧石	±20	±30	尺量：每 200 m 测 4 个断面
	无侧石	不小于设计值		
横坡/%		±0.3	±0.5	水准仪：每 200 m 测 2 个断面
△矿料级配		满足生产配合比要求		T0725，每台班 1 次
△沥青含量		满足生产配合比要求		T0722、T0721、T0753，每台班 1 次
马歇尔稳定度		满足生产配合比要求		T0709，每台班 1 次

注：1. 沥青混凝土面层压实度，高速公路、一级公路应选用 2 个标准评定，以合格率低的作为评定结果；其他公路选用 1 个标准进行评定。带 * 号者是指 SMA 路面。
2. 沥青层厚度仅规定负允许偏差。H 为沥青层总厚度，h 为沥青上面层厚度；其他公路的厚度代表值和合格值允许偏差按总厚度计，当 $H \leqslant 60$ mm 时，允许偏差分别为 -5 mm 和 -10 mm；当 $H > 60$ mm 时，允许偏差分别为 $-8\%H$ 和 $-15\%H$。

水泥稳定碎石基层实测项目应符合表 13-10 的规定。

表 13-10 水泥稳定碎石基层实测项目

检查项目		规定值或允许偏差				检查方法和频率
		高速公路 一级公路	其他公路	高速公路 一级公路	其他公路	
△压实度/%	代表值	≥98	≥97	≥96	≥95	按《公路工程质量检验评定标准 第一册 土建工程》(JTG F80/1—2017)附录 B 检查，每 200 m 测 2 点
	极值	≥94	≥93	≥92	≥91	
平整度/mm		≤8	≤12	≤12	≤15	3 m 直尺：每 200 m 测 2 处×5 尺
纵断高程/mm		+5，-10	+5，-15	+5，-15	+5，-20	水准仪：每 200 m 测 2 个断面

续表

检查项目		规定值或允许偏差				检查方法和频率
		高速公路一级公路	其他公路	高速公路一级公路	其他公路	
宽度/mm		满足设计要求		满足设计要求		尺量：每200 m测4点
△厚度/mm	代表值	−8	−10	−10	−12	按《公路工程质量检验评定标准 第一册 土建工程》(JTG F80/1—2017)附录H检查，每200 m测2点
	极值	−10	−20	−25	−30	
横坡%		±0.3	±0.5	±0.3	±0.5	水准仪：每200 m测2个断面
△强度/MPa		满足设计要求		满足设计要求		按《公路工程质量检验评定标准 第一册 土建工程》(JTG F80/1—2017)附录G检查

级配碎石底基层实测项目应符合表13-11的规定。

表13-11 级配碎石底基层实测项目

检查项目		规定值或允许偏差				检查方法和频率
		高速公路一级公路	其他公路	高速公路一级公路	其他公路	
△压实度/%	代表值	≥98		≥96		按《公路工程质量检验评定标准 第一册 土建工程》(JTG F80/1—2017)附录B检查，每200 m测2点
	极值	≥94		≥92		
平整度/mm		≤8	≤12	≤12	≤15	3 m直尺：每200 m测2处×5尺
纵断高程/mm		+5，−10	+5，−15	+5，−15	+5，−20	水准仪：每200 m测2个断面
宽度/mm		满足设计要求		满足设计要求		尺量：每200 m测4点
△厚度/mm	代表值	−8	−10	−10	−12	按《公路工程质量检验评定标准 第一册 土建工程》(JTG F80/1—2017)附录H检查，每200 m测2点
	极值	−10	−20	−25	−30	
横坡%		±0.3	±0.5	±0.3	±0.5	水准仪：每200 m测2个断面

3. 外观质量

(1)土方路基外观质量应符合下列基本要求：

①路基边线与边坡不应出现单向累计长度超过 50 m 的弯折。

②路基边坡、护坡道、破碎台不得有滑坡、塌方或深度超过 100 mm 的冲沟。

(2)填石路基外观质量应符合下列基本要求：

①路基边线与边坡不应出现单向累计长度超过 50 m 的弯折。

②上边坡不得有危石。

(3)沥青混凝土面层外观质量应符合下列基本要求：

①表面裂缝、松散、推挤、碾压轮迹、泛油、离析等的累计长度不得超过 50 m。

②搭接处烫缝应无枯焦。

③路面应无积水。

(4)水泥稳定碎石基层外观质量应符合下列基本要求：

①表面应无松散、无坑洼、无碾压轮迹。

②表面连续离析不得超过 10 m，累计离析不得超过 50 m。

(5)级配碎石底基层应符合下列基本要求：

①表面应无松散、无坑洼、无碾压轮迹。

②表面连续离析不得超过 10 m，累计离析不得超过 50 m。

应对以上所列外观质量进行全面检查，并满足规定要求，否则该检验项目为不合格。

4. 质量保证资料

工程应有真实、准确、齐全、完整的施工原始记录、试验检测数据、质量检验结果等质量保证资料。质量保证资料应包括下列内容：

(1)所有原材料、半成品和成品质量检验结果。

(2)材料配合比、拌和加工控制检验和试验数据。

(3)地基处理、隐蔽工程施工记录。

(4)质量控制指标的试验记录和质量检验汇总图表。

(5)施工过程中遇到的非正常情况记录及其对工程质量影响分析评价资料。

(6)施工过程中如发生质量事故，经处理补救后达到设计要求的认可证明文件等。

检验项目评为不合格的，应进行整修或返工处理直至合格。

5. 工程质量评定

工程质量等级分为合格与不合格。分项工程、分部工程、单位工程质量评定应有符合《公路工程质量检验评定标准 第一册 土建工程》(JTG F80/1—2017)附录 K 规定的资料。

(1)分项工程质量评定合格应符合下列规定：

①检验记录应完整。

②实测项目应合格。

③外观质量应满足要求。

(2)分部工程质量评定合格应符合下列规定：
①评定资料应完整。
②所含分项工程及实测项目应合格。
③外观质量应满足要求。
(3)单位工程质量评定合格应符合下列规定：
①评定资料应完整。
②所含分部工程及实测项目应合格。
③外观质量应满足要求。
(4)评定为不合格的分项工程、分部工程，经返工、加固、补强或调测，满足设计要求后，可重新进行检验评定。
(5)所含单位工程合格，该合同段评定为合格；所含合同段合格，该建设项目评定为合格。

参 考 文 献

[1] 中华人民共和国行业标准.JTG F80/1—2017 公路工程质量检验评定标准 第一册 土建工程[S]. 北京：人民交通出版社，2017.

[2] 中华人民共和国行业标准.JTG 3450—2019 公路路基路面现场测试规程[S]. 北京：人民交通出版社，2020.

[3] 中华人民共和国行业标准.JTG B01—2014 公路工程技术标准[S]. 北京：人民交通出版社，2015.

[4] 中华人民共和国行业标准.JTG E51—2009 公路工程无机结合料稳定材料试验规程[S]. 北京：人民交通出版社，2009.

[5] 中华人民共和国行业标准.JTG E20—2011 公路工程沥青及沥青混合料试验规程[S]. 北京：人民交通出版社，2011.

[6] 中华人民共和国行业标准.JTG E30—2005 公路工程水泥及水泥混凝土试验规程[S]. 北京：人民交通出版社，2005.